ルポ 保育崩壊

小林美希
Miki Kobayashi

岩波新書
1542

まえがき

「ここに子どもを預けていて、大丈夫なのだろうか」

狭き門をくぐりぬけて保育所が決まっても、自分の子どもが通う保育所に不安を覚え、一安心とはいかない現実がある。

それもそのはずだ。ふと保育の現場に目を向ければ、親と別れて泣いている子どもが放置され、あやしてももらえないでいる。食事の時にはただの流れ作業のように「はい、はい」と、口いっぱいにご飯を詰め込まれ、時間内に食べ終わるのが至上主義のように「早く食べて」と睨まれる。楽しいはずの公園に出かける時は「早く、早く」と急かされる。室内で遊んでいても、「そっちに行かないで」と柵の中で囲われ、狭いところでしか遊ばせてもらえない。「背中ぺったん」「壁にぺったん」と、聞こえは可愛いが、まるで軍隊のように規律に従わされる子どもたち。いつしか、表情は乏しくなり、大人から注意を受けたと思うと、機械的に「ごめんなさい」と口にするようになっていく——。

その異変に気づいた親は、眉根を寄せて考えるしかない。特に母親ほど「この子のために、仕事を辞めたほうがいいのではないか」と切迫した気持ちになる。数年前の取材の時に、東邦大学医学部の多田裕名誉教授(新生児科医)が、「どの保育園に入るかで、その子の将来が決まると言っても過言ではない」と言っていたことが頭から離れなかった。そして、実際に保育の現場の取材を重ねると、その言葉に確信を得た思いがした。

保育所に子どもを預けるだけでなく、女性の場合は特に妊娠中からさまざまなハードルを乗り越えての就業継続となる。妊娠の報告をする際に、まず「すみません」と謝る職場環境のなか、四人に一人は「マタニティ・ハラスメント(マタハラ)」に遭っている。育児休業を取っている間に自分の席がなくなっていることも少なくない。そして、やっとの思いで保育所が決まって職場復帰しても、安心して子どもを預けられない。これでは、まるで「子どもが心配なら家で(母親が)みろ」と言わんばかりの環境ではないか。筆者の問題意識の出発点はそこにある。

このように保育の質が低下しているのは、なぜか。それは、待機児童の解消ばかりに目が向き、両輪であるはずの保育の質、その根幹となる保育士の労働条件が二の次、三の次となっているからだ。

都内のある社会福祉法人で働く保育士(三〇歳)は、低賃金・長時間労働のなかで良い保育をしようともがいている。保育士歴一一年目の彼女の給与は手取りで月二一万円。サービス残業が多い。そして、とにかく休めない。運動会などのイベントがあると準備に追われ、子どもに関わる時間が少なくなる。「運動会が終わればゆっくり話を聞けるのに」と思うが、毎月のようにある行事に振り回され、なんのための保育か分からなくなる。保育士なのに、子どもと向き合う時間が削られ、保育以外の業務に追われている。

他の女性(三五歳)は、異業種から転身して二七歳で保育士になった。「給与が安いのは覚悟して入ったが、離職率が高いのもうなずける」と話す。八年目でようやく手取り一九万円になったが、最初は手取り一六万円台で都内での一人暮らしは厳しく、友人と部屋をシェアして暮らしていた。一年目は腱鞘炎になった。体が辛い分、病気しがちで一～二年目は嘔吐下痢症や、インフルエンザにかかりやすかった。食育をする立場だけれど、忙しすぎてコンビニ弁当で済ますことも多い。今は〇歳児クラスの担任で、かがむことが多く腰を痛め、腰痛バンドが手放せない。

これでは、保育士の犠牲の上に成り立っているようなものだ。筆者は今までも、機会あるたびに保育士の労働について筆をとってきたが、今、改めてこれらの保育所の厳しい現状を描き出し、保育の質の低下、その原因となっている保育行政の貧困状況に警鐘を鳴らさなければ、親子の一生を左右しかねない。そして、それだけでは済まされない国家レベルの問題になると危機を感じている。

＊

本書では第1章でまず、親子の視点から、今、現場で何が起きているかを追う。保育所の実力は、一年のうちでも特に四月、一日のなかではとりわけ食事時に如実に表れるのではないだろうか。新しい保育所の四月は、まるで「地獄絵図」のようだ。

特に、株式会社の参入は保育の質の低下を著しく招いたのではないか。これまで保育の公共性の高さから社会福祉法人が民間保育を担ってきたが、二〇〇〇年に株式会社の参入が解禁され、その影響は大きい。その後も次々と保育をめぐる制度が変わった。小泉純一郎政権は、雇用だけでなく保育の規制緩和も推し進めていたのだ。そのことで、現在の親世代の雇用は崩壊し、生まれた子どもたちの保育も崩壊しつつあるという、親子で危機的な状況にさらされている現状がある。

ただ、防犯面からも閉鎖的になりがちな保育所では、個々の内情について情報を得づらい。死亡事件や虐待事件が発覚すると問題が表面化するが、一過性に終わり、どこか他人事になってしまう。そのため、すぐそこにある問題はなおさら隠れてしまう。良い保育を実践している現場は数多くあるが、この章では、ニュースにはならないまでも、子どもの人権がまるで無視されるような保育の質の低下がどれだけ深刻になっているか、その現実を直視する。

そして、第2章では、保育所で働いている保育士の労働実態に焦点を当てる。保育所で働いている保育士は、二〇一三年度で三七万八〇〇〇人となる。その一方で、保育士の資格を持ちながら実際には保育士として働いていない「潜在保育士」は、六〇万人以上にも上る。その多くは、仕事に対する賃金が見合わない、業務が多すぎることを理由に辞めている。第1章の問題と表裏一体で、新規参入した民間保育所は保育士にとっても辛い現状を描く。そして民間に限らず、公立でも臨時・非常勤職員が増えたことで労働環境が激変している。なかには担任でなければ保護者と話をしてはいけないと指示される現場もある。かつては、女性の職業の代名詞ともいえた保育士がなぜ、働き続けることができなくなったのか。その実情を探る。

第3章では、上場企業の決算書や有価証券報告書、現場の園長や業界関係者などの証言から、保育所の経営実態に迫る。待機児童問題を受けて、いま横浜市の「成功例」に右へ倣えと、ますます民間参入が盛んとなってきているが、人を相手にする保育の場合、人件費をどこまで削減できるかが、経営の成否の鍵となる。一般的には保育所運営の利益率は五%ほどにとどまるが、大手企業では一〇%近くの利益が出ている。

民間保育所でも、善良な法人が運営すれば労働条件が守られ、良い保育は実現されている。しかし、利益重視で人件費を削減する法人の場合、保育士が疲弊して離職率が高まり良い保育どころではなくなる。複数の株式会社に保育士の人件費について取材を申し込むと、理由をつけて断られた。その事実だけでも、保育行政全体の方向性を占ううえで大きな参考になるだろう。

そして第4章では、共働きが増えた時代においての親子の生活の質について改めて問う。雇用そのものを守るセーフティネットとしての保育所の社会的役割を再確認し、預ける側や社会の要請の是非まで含めて再検討する。二〇一五年度から、「子ども・子育て支援新制度」が始まり、保育所の仕組みががらりと変わる。政府は特に「認定こども園」を推進するが、本当に利用者や働く側に立った制度なのか。

子育てにはいくつかのターニングポイントがあるといわれ、乳幼児期に周囲の大人からどれだけ愛情をかけられたか、知的な刺激を受けたかが、その後の長い人生に影響するといわれている。もちろん、子どもの可塑性は高く、いつでもやり直しはきくはずだ。しかし、現状では早期の環境が劣悪すぎないか。待機児童が多すぎて、保育所を選べる立場にはない親子にとって、運・不運でその子の将来が決まっていいのだろうか。生後数か月を含めた〇歳からの保育のニーズが増えるなかで見逃されがちな、保育所での母乳哺育についても触れる。

第5章では、子どもたちの人生のスタートが豊かなものになるのか、貧しいものになるか、それを決定づける保育の構造問題について改めて問う。保育所の運営は国家事業だったはずだが、二〇〇四年度から国の補助金が一般財源化された影響は大きい。公立保育所の費用は一〇〇%市区町村の負担となったため、その負担を嫌う自治体で民営化は進んだ。国の未来を左右する子どもの保育の予算は、国家予算のなかでたった〇・五%ほどしかない。

そもそも保育所が位置づけられている児童福祉法では第二四条で、保護者の労働や疾病などから保育の申込みがあった場合、市町村はそれらの児童を保育所において保育する義務を示している。ただし、需要の増大などやむを得ない事由がある場合は家庭的保育事業やその他の適切な保護をしなければならないとあるが、現在、本当に適切な行政が行われているのだろうか。

全国保育団体連絡会(全保連)の実方伸子事務局長は、こう指摘する。

「新制度が始まると、自治体の保育に対する責任が後退する。従来型の認可保育所だけが自治体が保育実施責任を持つようになる。その一方で、認定こども園や小規模保育園などは当面は自治体が申込み窓口にはなるが、保護者と施設の直接契約になるため、自治体の責任が及びにくくなる問題がある。これでは保育の平等が保障されず子どもの福祉は二の次で、親の経済力に左右されてしまう。新制度では予算配分の全貌が見えない問題もある。保育予算を倍にするだけでも状況は変えられるのではないか」

保育所に預けている親のほとんどが働いている。つまり、勤労し納税し、国の財産である子どもを産み育てている。そこに財源を充てないで、この国の今を、未来を、支えられるのだろうか。最後に、厳しい環境のなかでも、良い保育を目指して日々取り組む保育所を紹介する。それが一筋の希望となるだろう。

なお、本書に登場する人物の肩書や年齢、データなどは取材・執筆時のものとなる。参考文献などは本文中に記したい。語句の使い方に関し、本文中では法令文に従って保育所を使い、会話のなかや個別名称では保育園を使う。雇用形態の総称については、公立保育所や社会福祉法人では正職員や非正職員とし、株式会社では正社員や非正社員とする。

目　次

第1章

保育の現場は、今

〝女性が輝く日本をつくる〟と、政府は待機児童の解消について、二〇一七年度末までに四〇万人分の保育の受け皿を確保すると掲げている。待機児童は厚生労働省の発表では四万三一八四人(一四年一〇月)に上り、潜在的な待機児童は八五万人にも膨らむと言われている。そこにビジネスチャンスを見る民間企業が続々と保育所の運営に乗り出し、都市部ほど保育所の〝建設ラッシュ〟が起こっている。

しかし、現場に目を向ければ、〝箱物〟は用意されても、肝心の人材確保や人材の教育が追いつかない。利益を出すことを目的とする株式会社の新規参入や事業拡大が目立つなか、「とにかく保育園に入れないことには仕事を失いかねない」という保護者の切迫した状況と裏腹に、とても安心して子どもを預けられないような現実がある。

この章では、保育所に入る親子の視点から、今、現場で何が起こっているかを問う。

地獄絵図のような光景

「もう！　なんで、泣くのよ！」

四月の保育所――。

本来なら笑顔で子どもたちを迎えるはずの若い保育士が、ひきつった顔でヒステリックに声をあげている。殺気立った雰囲気を感じとるようにして、子どもたちは、ぎゃあぎゃあと、よけいに泣いてしまう。株式会社がチェーン展開する、開園したばかりの保育所の一歳児クラスに実際に入って見ると、まるで地獄絵図のような光景が広がっていた。

保育所には、いくつか設置主体が異なるタイプがある。まず、公立か民間かで分かれ、民間のなかでも一定の設置基準を満たした認可保育所か認可外保育所かが大きな違いとなる。認可保育所は、子どもの人数に対する保育士の人数の配置基準や、子ども一人当たりに必要な面積基準などの最低基準を満たし、自治体の認可を受けている。

その認可保育所にも何種類かあり、①自治体が設置して自治体の予算などで運営する公設公営、②自治体が建物を作って、民間に業務を委託する公設民営（既存の施設の管理を委ねる指定管理者制度も含む）、③社会福祉法人や株式会社などが建物を作り補助金（公費）を受けながら運営する民設民営がある。その他、地方自治体が独自に基準を作って整備する「認証保育所」(東京都)、「横浜保育室」(横浜市)や、小規模保育などがあり、保育士の配置や面積などの基準が認可より緩和されている。それらの他が「認可外保育所」となり、原則、補助金を受けずに独自運営している(図1-1)。

こうした保育所のなかで、筆者が特に問題視するのは、株式会社による保育の現場だ。冒頭の株式会社が運営する認可保育所に太郎君(仮名、一歳)を預けている母親の山田佳代さん(仮名、三〇代)の親子を追うと、現在の保育現場が抱える問題が見えてくる。

山田さんは子どもを預けたものの、泣き叫ぶ子どもが心配で様子をドアの外からうかがっていた。それを見つけた保育士が、「お母さんが少しでも見えると泣き出すから(覗いてないで、帰ってください)」と高圧的に促すため、何も言えなくなり、「では、すみませんがお願いします」と立ち去った。保育所を出ようとした時、忘れ物に気づいて戻ると、子どもは嗚咽して鼻水をたらし、髪がびっしょり濡れるほど汗をかきながら泣いていた。しばらく、こっそりと様子を見ていたが、太郎君は保育士の誰からも声をかけられずに放置されていた。山田さんは、「これでは、預ける時に子どもに、ここ(保育園)は安心だよ。楽しいよ」なんて嘘を言ってきかせられない、と悩んだ。

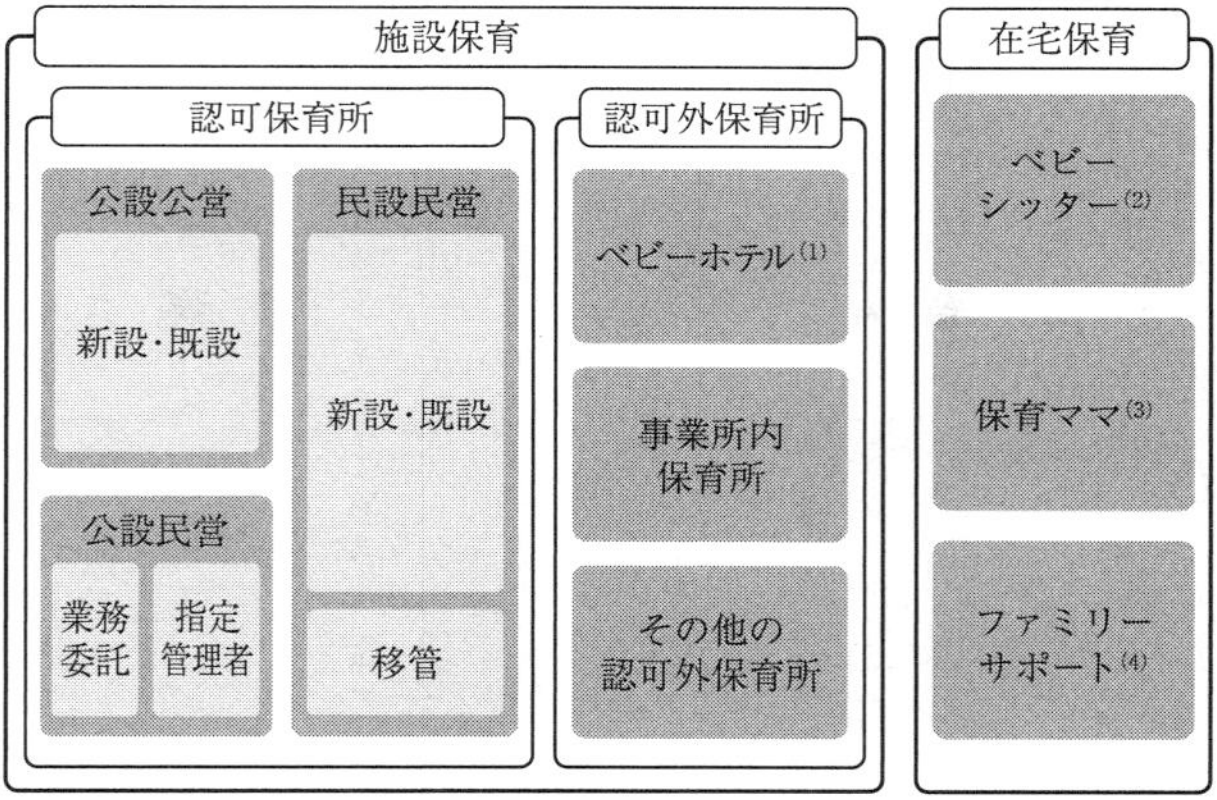

図 1-1　保育サービスの仕組み

(注 1) ① 午後 8 時以降の保育，② 宿泊を伴う保育，③ 一時預かりの子どもが利用児童の半数以上，のいずれかを常時運営している施設.
(注 2) 保護者等の委託を受けてその居宅等において保育サービスを行うもの.
(注 3) 両親の就労等で保育に欠け，かつ保育所に入所できない主に 3 歳未満の児童を保育者の居宅等で保育する通所の施設，又は保育者の通称.
(注 4) 援助する者(提供会員)と援助を受ける者(依頼会員)が自治体に登録し，利用希望があると市町村が会員を仲介・調整をし，会員同士で打ち合わせ等を経て，利用にいたる制度.
(出所) 大嶽広展『最新保育サービス業界の動向とカラクリがよ〜くわかる本』(秀和システム，2013 年)の図を元に作成

筆者は山田さんの話を聞いた直後の四月上旬、この保育所に足を運んだ。午前一〇時頃、親に預けられた子どもたちが、部屋の壁が割れんばかりの大きな声で泣きわめいていた。この保育所では、一歳児クラスの定員が一三人で担任の保育士は三人配置されているが、クラス内で一〇人は〝ぎゃん泣き〟していた。保育士は、皆若い。一番下は新卒、クラス担任の責任

者でも二年目だった。園児たちがあまりに泣き止まないため、保育士が一人で三人をおんぶに抱っこしている。新卒の保育士が、「どうしていいか分からない」と口にしながら途方に暮れていた。リーダー保育士は怖い顔をして「泣き過ぎ！」と子どもたちに向かって叫んでいる。

四月の保育所では、場慣れしていない子どもたちが親と離れて泣くのは当たり前だが、この保育所では子どもたちをあやせない保育士の力量のなさが目立っていた。

昼食の時間、まだ何人かの子どもたちが泣いている。泣き止んだ子どもがまずテーブルにつかせられ、食事が運ばれるのを待っていた。男の子がおしぼりを手にし、椅子に座ったが足をぶらんとテーブルに乗せてしまった。その瞬間に、力の強そうな男性保育士が「行儀が悪い！」と怒鳴りつけ、鬼の形相で、その子の手からおしぼりを奪い取り、テーブルにバシンとたたきつけた。そして、次の瞬間、その子の足を怒りに任せて強くたたいた。まだ物事のよしあしも分からない一歳の子どもを、だ。

楽しいはずの食事の時間。本来なら、保育士が笑顔で「わぁ、美味しいねぇ。これも食べてみようか！」などと声をかけながら、食事の介助をするのではないか。しかし、この保育所では園児が食べている間、そうした声がけをせず、ただ黙々と、ひたすらご飯やおかずを口に入れていた。それは食事というよりもまるで、餌やりのようだった。

食が進まない子の介助をしていた保育士が、困った顔をして「なんで食べないのかなぁ」とつぶやく。三〇分、四〇分と過ぎても食べ終わらないと、待ちきれずに「早く食べよう」と言って、スプーンでさっさと残ったおかずを子どもの口に入れてしまう。噛めないために飲み込めず、顔が頬をふくらませたリスのようになっていた。子どもが苦しそうにしているが、保育士の顔色を見ながら、それを吐き出すこともできないでいる。何人か食べ終わるのが遅い子がいると、保育士が後ろに立って子どもの前に腕を回し、おわんとスプーンを持って背後から口にかき込んでいった。

まるで悪いことをして罰を受けたかのような表情でうつむいている子どもがいた。よくよく見ると、もさもさとした口の動きをしている。噛みきれない魚が残っているようだ。頬をまんまるにした状態で、一人テーブルに残されていた。他の子どもらがお昼寝(午睡)をするために消灯され、暗くなった部屋では保育士が全員その準備にかかりきり。その子はずっと口に食べ物が入ったままの状態で、泣くのをこらえているような顔をして、ぽつんと席に座っていた。

エプロン・テーブルクロス

別の日、また、その保育所を訪れた。「エプロン・テーブルクロス」とでもいうのが適切な表現なのだろうか。昼食時に子どもたちの様子を見学すると、スタイ（よだれかけ）を卒業した子どもたちが、ハンドタオルで作った前掛けを首から下げているが、そのタオルを首にかけたままタオルの先をテーブルに敷き、その上に食事の入った食器が並べられていた。子どもたちは、身動きひとつできないまま、スプーンで給食を食べている。少しでも体を動かしてしまえば、エプロンと一緒に食器がひっくり返ってしまう。山田さんも、この食事方法を疑問に思っていたようだった。

このエプロン・テーブルクロスに衝撃を受けた筆者は、別の保育所の保育士や園長など四〇人近くに「これは保育業界で普通に行われることなのか」と聞いてみたところ、もちろん、答えは「ノー」だ。ただ、こうした光景は、以前から全国の保育所や老人ホームなどでも見られていたという。人手不足の保育所などで、おかずをこぼしても片づけやすいように、あるいは、タオルの上にこぼせばまた食器に戻して食べられる、身動きできないためふらふらしながら食べなくなるなどの理由で、〝保育の工夫〟の一環で行っているケースがあるといわれる。しかし、これでは子どもや高齢者の人権が無視されてはいないだろうか。ある保育所の園長が「そうした食事方法はすべきではないのだが、〝エプロン・テーブルクロス〟を公然と使うところで駆け出しの時期を過ごした保育士は「そんなものだ」と疑いもせず、効率が良い方法だと勘違いしてしまうことがある」と話す。筆者が訪れた保育所でも、良かれと思って行われていた。

そして、前述の山田さんは、「この保育園では、親の都合や気持ちはまるで無視される」と困惑顔だ。なぜなら、担任の保育士は九時三〇分ぴったりに散歩に出かけることを第一目標としているため、少しでも登園が遅くなると、親子が冷遇されるのだ。山田さんは、担任から「みんな朝早くから来ているので、九時には朝のおやつを出します。その直前は私たちは準備で忙しいから八時三〇分に来てください」と注意された。山田さんは、一般的な企業より出勤時間が遅く、保育所には九時三〇分から一〇時の間に預けに行くのがベストだった。夜が遅いことが多く、朝は子どもとなるべく一緒に過ごしたいとも思っていた。九時三〇分以降の登園について担任に相談すると、「保育の流れがありますから」と一蹴され、反論する余地はなかった。

おやつの準備中、あるいは食べ始めてから、そして散歩に出る時間に間に合わず一分でも遅れれば、登園した山田さん親子はキッとにらまれ、子どもに声をかけてももらえなかった。身支度中の子どもたちのところに親が自分の子を連れていっても、保育士はまるで無視。気を利かせて優しく身支度を手伝ってくれる新人の保育士がいたが、先輩の保育士が「ちょっと、早く、あれ用意してよ」と言って子どものそばから追いやった。たとえ、他の子どもたち全員が散歩の身支度ができて、さあ出発というタイミングのギリギリで時間内に間に合ったとしても置いていかれ、その子は皆が戻ってくるまで事務室で事務員と過ごすしかなかった。

筆者がこの保育所を見て気になったことは他にもある。遊びのスペースの狭さだ。認可保育所の面積基準は、乳児や満二歳未満の幼児の場合、乳児室は一人当たり一・六五平方メートル、ほふく室は同三・三平方メートル、満二歳以上の幼児の保育室は同一・九八平方メートル、遊技場は一・九八平方メートル、屋外遊技場(園庭)は同三・三平方メートルと、児童福祉法に基づき厚生労働省令で最低基準が決められている。太郎君が通う保育所でも、基準を満たしており、むしろ基準以上の広さがあるように見え、広々としていた。しかし、実際にはすべてのスペースは使わず、柵で囲って、部屋の三分の一か四分の一くらいのスペースでしか子どもは遊ばせていない。柵から外に出ようとした子どもは「ダメだよ」と保育士からきつく叱られ、抱き上げられて柵のなかに〝強制連行〟されていた。子どもたちは、狭い柵のなかで遊ばされ、表情が乏しかった。

それでも園長がクラスのなかに入って保育の補助をすると、その途端、見違えるように子どもが落ち着き、笑いながら遊び、絵に描いたように保育所らしくなった。しかし、それもつかの間、園長がいなくなるとすぐに若い保育士の余裕はなくなり、きつい顔をして、かなきり声をあげ、言うことをきかない子どもを乱暴に抱き上げたり、引っ張ったりという言動に戻った。常時クラスの二〜三人の子が泣いていたが、もはや放置だ。柵で囲って狭いところに子どもを集めているのは、保育士の全員が経験不足なため、手元、足元に子どもたちがいないと目配りできないからだったのだろう。

「ほいくえん、いや。せんせい、こわい」

四月下旬、預けられると泣いている子がまだ多かった。それでも、時には泣かずに子どもなりに一生懸命遊ぼうとしている太郎君の姿を見ると、山田さんは息子の成長を感じた。そんなわが子の成長のシャッターチャンスだとばかり、思わず写真を撮ろうとすると、すかさず保育士が近寄ってきて「個人情報があるので、写真は撮らないでください」と高圧的に注意された。保育士による、そうした〝管理〟は徹底していた。山田さんは、「なぜわが子の保育園での様子を撮るのを禁止されなければならないのか。自分たちのいい加減な保育が写るのが嫌なのではないか」と憤っていた。

ちなみに、保護者が自分の子どもの写真を私的に撮ることは、そもそも個人情報保護法の規制の対象ではなく、憲法の「表現の自由」によって、保育所の中であったとしても誰からも禁止されるものではない。他人の子が写った場合は、肖像権の問題はあるが、私人間であれば法的に問題になることはほとんどない。市町村の個人情報保護委員である松浦由加子弁護士は「よく引き合いに出される個人情報保護法は、事業者が対象でそもそも保護者は対象外。プライベートな撮影として写真を楽しむ分には法的な問題はほとんどない。ただ、子どもやその保護者が撮らないでと言っているのならば顔などは写らないようすべきだし、禁止撮影の場所であったり、裸に近い格好であるなどの特殊な事情については配慮すべきだ」としている。行き過ぎ、誤った認識の〝個人情報保護〟が定着し、この種のトラブルが頻発しており、自治体によっては、わざわざホームページで保育所や小学校などでの写真やビデオ撮影は禁止されるものではないと明示しているところもあるほどだ。

このように、親にとってもストレスを感じる保育所が子どもにとって快適な保育所であることはなさそうだ。五月になっても太郎君は保育所に行くのを嫌がり、ある日曜の夕方に山田さんが「明日は保育園だよ。頑張っていこうね」と何気なく声をかけると、夜中に三九度もの熱を出した。翌朝、山田さんが保育所に休むと連絡すると、一時間も経たないうちに太郎君の熱は下がって元気になった。山田さんは「熱が出るほど嫌なのか」と落胆したが、「せっかく滑り込んだ保育園。担任の先生も、仕事は一生懸命にやっている。皆、私より(一〇歳も)年下だし、もう少し長い目で見なければいけないのだろう」と、思い直すようにした。ただ、五月から毎月のように保育士が退職し、近隣では「保育士が辞める保育園」として有名になっていた。

一歳半の太郎君は、家では、ずいぶんと発語が多くなった。「いちご、きゅーり、ぎゅーにゅー、あかいぶーぶー、おっきー、ちっちゃい」など、たくさんの言葉を発するようになっていた。しかし、保育士からは「園では、ぶーぶー、アンパンマン、くらいしか話さない」と伝えられた。その時、山田さんは「子どもは話しかけた分だけ返す気がする。きっと、保育園では保育士に余裕がなくて、話しかけてもらえていないにちがいない。保育園に行くことは子どもの発達に良いというが、この保育園に通っていたら逆に発達が遅れるのではないか」と考え始め、六月には自治体の窓口に転園希望届を出した。一刻も早く転園したかったが他に空きがなく、やむなく、そのまま通い続けた。

七月、太郎君は保育所に行くと、しゅーんとした姿を見せる。朝、山田さんが「おはようございます」とクラスに入っていっても、保育士は目を合わせることも挨拶を返すこともなく、たんたんと業務をこなしている。「私でも怖いと感じるのに、そのなかに入っていくのは、子どもだって二の足を踏む」と、山田さんの心中が穏やかになる日はなくなった。そして、改めてクラス全体を見渡すと、リズム体操などの時間だけは子どもたちは笑っているが、それ以外の時間は、表情がなくなっていることに気づいた。保育所のなかで掲示されている日誌の写真を見ても、カメラ目線でない子どもは皆、暗い顔をして写っていた。

それでも山田さんは、「待機児童が多くて転園なんて現実には不可能。ここに慣れてもらわなければ」と思いながら、保育所に親しみを覚えるように家で保育所の写真を見せたが、太郎君は「イヤ！」とそっぽを向く。

八月に入って、太郎君は、「ほいくえん、きらい。ほいくえん、いや。せんせい、こわい」と頻繁に言うようになった。保育所に行くと途端に三七・五度の熱を出した。保育所では三七・四度を越えると保護者にお迎え要請の連絡をするため、微妙な発熱で早退する頻度が多くなったが、帰宅するとけろりと治って遊び回っている。そのうち、山田さんは「日中、どんな様子で子どもが保育所で過ごしているのか」ということが常に頭から離れられなくなり、「この保育園に通わせるくらいなら、自分が仕事を辞めたほうが良いのではないか」と悩み、眠れない夜を過ごすことが増えていった。子どもが熱を出すと「保育園を休む正当な理由ができた」と安心し、胸を撫でおろすようにさえなっていた。

しかし、休んだ日に季節の制作物があると、太郎君の分だけがない状態で、園児が描いた絵や折り紙で作った飾りが壁に展示されている。山田さんが「うちの子の分も後からでも作ってもらえないか」と保育士に頼むと「その日に休んじゃったんで、もう材料も残してありませんから」と、対応はしてもらえず、壁を見るたびに淋しい思いが残った。

このような状況に、山田さんの胸のもやもやは解消されないばかりか、「現場」を目撃すると怒りが頂点に達した。その頃、予防接種を受けるために早退して、昼食時やおやつの時間に迎えに行くことがあった。食べるのが遅い太郎君。他の子は食事を済ませて着替え、オムツを換えるなどお昼寝の準備に保育士が追われていた。消灯した暗い部屋で誰の介助もなく、居残りのようにして太郎君はひとり給食を食べさせられていた。おやつを食べずに早退するという時に少し遅れてお迎えにいくと、太郎君は一人だけにされて部屋の隅に柵で囲われ隔離された状態で待たされ、わーん、わーんと泣いていた。保育士は全員、テーブルの近くで他の子のおやつの介助に当たっていた。山田さんは「もう我慢の限界だ」と意を決し、園長に「安心して預けられない」と、訴えた。

その話を聞いた園長から担任の保育士が注意を受けると、しばらくは笑顔で子どもに接しているようだったが、数日過ぎるともとに戻り、怖い顔をした保育になる。別のクラスの保育士と立ち話をすると、「あの先生は、厳しくすれば子どもたちが言うことを聞いてくれて、時間通りに保育が進むことが良い保育と思っている」と、聞かされた。

九月に保育参観があった。山田さんが園庭で遊ぶ子どもたちを見ると、一人、輪に入れずに困った様子で、体を揺らしながら、うろうろと、みんなの中に入りたいけれど入れない太郎君がいた。保育士は気に入った子どもとばかり遊んでいて、太郎君がひとりぽつんとしていることに気づいても背を向けている。二〇分ほどその状態が続き、太郎君は、つまらなそうな表情でたたずんでいた。山田さんは「保育参観で親が見ているのにこれでは、いつもはもっと酷い保育なのではないか」と確信した。子どもにとって、輪に入れず困っていた二〇分という時間は、どんなに長く感じたことだろうかと思うと、山田さんの目から涙が溢れ出てきた。そして昼食の時間、お茶をこぼした子がいた。すると保育士が、まるで「よけいな仕事を増やすな」といわんばかりに「もう！　こぼして！」と怒って、コップや茶碗を荒っぽくテーブルに置いていく。その保育所では「食育」をウリにしていたが、食事中、子どもたちは無表情だった。

山田さんは、毎月、転園できないかと祈るような思いで、自治体ホームページで他の保育所の空き状況をチェックした。年度が変わる四月、ようやく他の保育所に空きが出て、転園することができた。その保育所は社会福祉法人の認可保育所で、担任にはベテランもいるうえ、六〇代の保育補助者も配置され、穏やかな保育が行われている。太郎君は、新しい保育所では、登園時に「イヤ」とは言わなくなり、はつらつと過ごしている。

民間企業が保育を事業化し利益を出そうと思えば、人件費を削るしかない。そのために、人件費が高くつくからとベテランが雇われない弊害はあまりに大きいのではないだろうか。

失われる生活の質

ただ、ベテランがいるからといって必ずしも良い保育ができるわけでもないところに難しさがある。筆者が見学に行った都内のある公立保育所では、各年代の担任の保育士がいるうえに、六〇～七〇代くらいの年配の非常勤の保育補助者がたくさんいて人手は十分のようだったが、全体が暗い雰囲気だった。

一歳児クラスのお昼時、保育者がニコリともせず、雑用でも済ますかのように「はい、はい」と、スプーンを子どもの口に運んでいた。そのなかに、一人だけ机が別にされ、給食の様子を眺めている子がいた。案内してくれた園長に「なぜ一人なのか」と聞くと、「食物アレルギーがあるから、誤食しないように机を分けている」のだという。他の子どもたちはグループになって何人かで食べて、保育者がそばについて介助していたが、アレルギーのある子には誰も補助がつかずに、たった一人でお皿を前にして、いかにも寂しそうにしていた。

そのうち、お昼寝の時間が始まり、女の子が熱を出したと一人の保育士が園長に報告した。

園長は「じゃあ、お母さんに連絡するから寝かせておいて」と返事をし、保育士はクラスの子どもたちが寝ているなかに、熱を出した子をそのまま休ませていた。これでは、もし感染症にかかっていた場合、あっという間にその感染が広まらないか。園内に保健室の看板があったことを思いだし、「そこで様子を見ないのですか」と聞くと、園長は「図書室として使っているため、看護できるスペースがないのです」と苦笑いした。

また、他の保育所を見学しようと予約をとると、子どもたちがお昼寝をしている時間帯を指定された。保育中は人手が足りないという理由だった。筆者は、それは仕方ないと考えたが、普段の保育の様子を見ることができず、日誌を見ながら説明された。誰もいない教室を見せてもらいながら廊下を歩いていると、一歳児クラスの横を通りかかった。年配の職員が、「もー、こっちも疲れたんだから、さっさと寝てよ」とでも思っているかのような表情で、まるで布団たたきのように、ぱーん、ぱん、ぽーん、ぽん、と機械的に寝かしつけ、「とんとん」(眠るように、とんとんと軽くたたくこと)をしている。その背中やお腹のたたき方を見ると、もし親なら自分の子に、そんなに強くとんとんをしないだろうというほどの大きな音がフロアに響いた。

少し離れたところで、二~三歳の子が眠れないでいた。隣の子とひそひそ話して笑っていると保育士がすかさず睨んで「うるさい！　みんな寝てるんだから。なんで静かに眠らないの！」と怒鳴った。その子どもたちは、瞬時に口をつぐみ、目をつぶった。他にも眠れない子どもたちが沈んだ表情をして、目を開けたままおとなしく、じっと天井を見つめていた。眠れない時にじっと布団のなかに入るしかない苦痛を、子どもたちは訴えられない。

集団生活のなかで決まった時間に食事をとり、お昼寝をすることは必要だが、親の働き方が多様化しているなかで、子どもたちの生活時間が一律にはならない。一人ひとりに寄り添った保育を掲げる他の複数の保育所で話を聞くと、園児の家での生活をきちんとみながら、食事の時間を少しずらして二部制にしたり、どうしても眠れない子どもがいれば周りの寝ている子の迷惑にならない範囲で保育士と過ごすなどの配慮がなされている。マニュアル通りにスケジュールをこなす保育をしていては、子どものＱＯＬ（生活の質）は保てないのではないだろうか。

三週間、お散歩ゼロ

一歳半の娘を保育所に預ける牧野宏美さん（仮名、三〇代）。年度途中で仕事に復帰することになった牧野さんの保育所探しは困難を極めた。見学した段階で「この保育園には絶対に入れたくない」と確信をもった。

保育所に入園するためには、自治体の窓口に、保護者の就労状況や希望する保育所などの書類をまとめて申し込み、子どもの「保育の必要度」と各保育所の定員の空き状況が照らし合わされて実際の入園が決まる。保育のニーズが高い〇〜三歳はすぐに定員いっぱいになり、そのまま上の年次のクラスに持ち上がるため、一般的には、年度始めの四月に〇歳児クラスに申し込むのが最も入りやすい。年度途中や一〜三歳からの入園は激戦となり、待機児童が多い年齢層となっている。厚生労働省の調査では、二〇一四年四月一日時点の待機児童の八四・五％を低年齢児が占めており、〇歳では待機児童率は一六・四％だが、一〜二歳では六八・一％と跳ね上がる。

牧野さんは約一年の育児休業を取ってからの職場復帰だったため、いざ、保育所を探しても認可保育所には空きがまったくない状況だった。東京都の認証保育所も見学に行ったが、牧野さんは「保育士は破れたジャージの裾を引きずって、言葉遣いも乱暴で、子どもの良いお手本にならない」と眉をひそめた。見学者が来ていても、〇歳児クラスの保育士は床に座り込んでぺちゃくちゃと無駄話をしていた。一人は哺乳中だったが、赤ちゃんに哺乳瓶をくわえさせているだけで、よそ見をしながら「そうそうー、こないだ、そうだったよねー」とおしゃべりに夢中だった。この保育所にだけは入れたくないと強く思った。東京都の認証保育所は、認可保育所と比べ保育士の配置は六割で良いとされており、その点でも牧野さんは不安を抱いた。

　できれば認可保育所に入園させたかったが、空きが出たのは、見学に行ったところとは別の認証保育所だった。認証保育所の印象は悪かったが「職場復帰のためには仕方ない」と妥協せざるを得なかった。保育所を選ぶという選択肢はなく、ただ空きが出た園に入ったというだけだった。ビルの一階にあり、窓はなく薄暗く、狭い。給食が始まると一歳児クラスの部屋が食堂として使われた。〇歳児は同年齢だけでお昼寝をするが、その他の一～三歳は二歳児クラスの部屋に集まって寝て、保育士は三歳児クラスの部屋で昼食をとるなど、保育士にとっても良いとは言えない環境だった。ただ、保育士は皆優しく、一生懸命に保育をしてくれるのが伝わった。保育士の善意でもっているようなところだったという。一二月から翌年の三月まではこの認証保育所に娘を預け、四月に新設される認可保育所に空きが出て転園した。

　転園先は、急拡大中の株式会社のチェーン保育所。入園前の時期、工事中でまだ完成していなかったため見学もできなかった。ただ、自宅から近いことで希望のなかに入れて書類を申請していた。待機児童が多い中では、入園の可能性を高めるため、自治体に提出する申請書の希望欄にはめいっぱい園名を連ねなければならない。ここも、選んで入園したわけではない。その保育所に対して、牧野さんは、入園前の面談から、「何か、おかしい」と感じていた。園長は子どもに笑いかけず、保護者とも目を合わせなかった。それは入園後も続き、園長は事務所に引きこもっている。聞きたいことがあっても、なかなかコミュニケーションがとれない。

担任の保育士はどうかというと、話す機会がほとんどなく、子どもの一日の様子を細かく知ることができない。なぜなら、その保育所では、保護者の負担を軽くするため、玄関先で子どもを受け渡しすることを〝サービス〟としてウリにしていたからだ。その際、玄関先に来るのは担任ではなく、パートや担任以外の保育士で、実際の子どもの一日の様子を見ていない。そのため、必然的に、あたりさわりのない会話しかしない。「お子さんの受け渡しは、ここでしますから」と、保護者は玄関先までしか入れず、クラスの中には行けないため、中の様子も分からず、牧野さんのストレスが溜まっていった。新しく実績もない保育所では、評判も聞くに聞けない。保護者会では、園長は年間スケジュールを話すだけで、どんな保育を目指しているのかなど、保育方針についてまったく触れない。なんのための園長なのかと、その存在意義を疑った。

その保育所がビル内保育所で園庭がないことも牧野さん親子にとっては打撃が大きかった。本来、満二歳以上の幼児を預かる場合、保育所に屋外遊技場(園庭)を設置する必要があった。規制緩和の流れで、二〇〇一年度からは、土地の確保が難しい場合などには、日常的に使用できる距離に公園があり、移動の安全が確保されるのであれば、園庭がなくても良いとされた。そのため、園庭が作れないビル内にも保育所が次々とできるようになり、屋上が園庭の代わりになっているような保育所も増えている。牧野さんは当初、「園庭のない保育園も多いから、こだわらなくても良いのかもしれない。園庭がなくてもお散歩に行って、うまく保育をしてくれるだろう」と期待したが、その期待はすぐに裏切られた。

入園して三週間、散歩に一回も連れていってもらえなかった。まだうまく歩けない〇〜一歳児くらいを連れていくための立ち乗りバギーは四月の時点で一台しかなく、五月になってようやく人数分乗ることができる二台目が用意された。

園庭がないのに散歩に行かないことに業を煮やした牧野さんは、毎日、連絡ノートに「今日は天気が良くてお散歩日和ですね」など、散歩を促すような文章を書いた。しばらく続けると、牧野さんの娘だけが二歳児クラスに混ざって散歩に連れていかれた。

五月下旬になってようやく二日に一回くらいは散歩に出ているようだが、散歩に出ない日は活動量が足りず、お迎えに行っても家に帰りたがらない。帰宅しても夜は眠れないことが多い。いったい、娘は保育所でどんな生活をしているのか。唯一、子どもの様子を知る方法が保育所の連絡ノートだが、「今日はお散歩に行って、シャボン玉を追いかけました」というような体の良いことしか書かれていない。

転園して赤ちゃん返り

転園した子どもにとって、環境が変わることは、ただでさえストレスになる。どんな保育をしているかまったく分からないが、子どもの様子を見れば、ストレスを感じていることは一目瞭然だった。それは、〝おっぱい〟に現れた。

牧野さんは、母乳の良さについて勉強していたため、熱心に母乳育児をしてきた。そして、母乳で子どもを育てることは本来、当たり前のことだと考えてきた。一歳になったばかりの娘が最初の認証保育所に通っていた時は、帰宅後におっぱいを吸いたがる時と、寝る前や夜中に一回程度の授乳をしていた。それは、普通の程度の可愛い甘えだった。ところが転園すると、保育所を出た瞬間に帰り道で「ま！　ま！」と言っておっぱいを指さし、「のむー、のむー」と、ねだるようになった。五月下旬でも〇歳児並みにおっぱいを吸う回数が増えた。まだ自分の意思を伝えられない一歳半の娘にとって、日中に保育所で我慢しているものが充満し、おっぱいに吸いつくことで気持ちを落ち着かせているように見えた。帰宅して即座におっぱい。「着替えようよ」と言っても、「こっち、のむ」と吸いついて三〇分以上離れず、寝る前と深夜

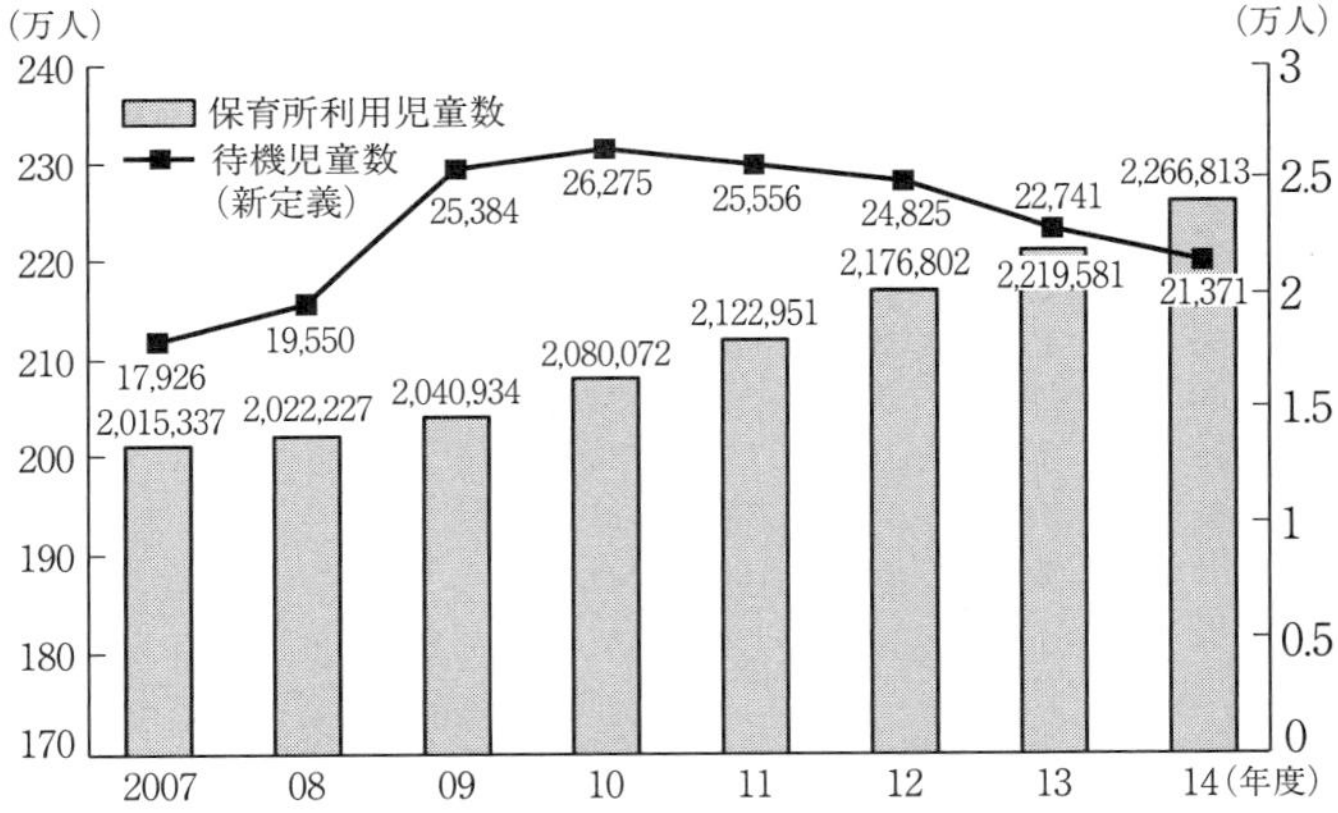

図 1-2　保育所利用児童数および待機児童数の推移

(注 1) 各年 4 月 1 日現在.
(注 2) ここでの待機児童とは, ① ほかに入所可能な保育所があるにもかかわらず, 特定の保育所を希望して待機している場合, ② 認可保育所へ入所希望していても, 自治体の単独施策(いわゆる保育室等の認可外施設や保育ママ等)によって対応している場合は, 待機児童数から除くとしている.
(資料) 厚生労働省保育課調査資料をもとに作成

に二〜三回、そして朝起きてからもおっぱいという状態になった。そろそろ卒乳も視野に入る時期、その様子を見ていると、おっぱいを奪うことはできなかった。

せめて一緒にいる時間をできるだけ長くしようと、育児短時間勤務制度を使って早く帰り、一八時にはお迎えにいっている。帰宅後に料理をし、野菜を切って、これからコンロの火をつけようという時に、今度は絵本を読んでと寄ってくる。とりあえず野菜に火を通してしまって、絵本を読み、片腕で抱えて、もう片方の腕で料理の続きをする。野菜や肉

（か所）

NPO	株式会社	個人	その他	計
54	118	212	19	22,848
59	149	201	22	22,909
66	157	190	46	22,925
66	227	176	23	23,068
75	301	167	21	23,385
85	382	155	24	23,711
86	474	148	25	24,038

をたくさん入れたチャーハンなど一品を急いで作り、一九時にはごはんを食べて二〇時には風呂に入って寝かしつけるのが目標だが、保育所で三時間半も昼寝をしてくることが多く、二三時になっても寝つけず、翌朝は眠くてぐずぐずしている。ここでも牧野さんは「保育園でなぜそんなに長時間、お昼寝をさせるのか。寝かせておけば楽だからか」と疑問を感じてしまう。

　牧野さんは園長の資質にも疑問を感じているが、「ある意味、子どもは人質。自分の子どもが世話になっている以上、何も言えない」と悩んでいる。園長の名前をインターネットで検索すると、以前は他の行政区の民間保育所の副園長だったようだった。「きっと、園長経験もないまま、保育園設立ラッシュで無理に園長職に就かされたのではないか」という疑問がぬぐえない。「これが保育園というものなのか」と、牧野さんの不信感は募るばかりだ。

　待機児童解消のため保育所が乱立するなかで、新規の保育所ほど質の担保ができにくい現実がある。

　厚生労働省(厚労省)による設置主体別の保育所認可

表 1-1　設置主体別保育所認可の状況(各年 4 月 1 日現在)

	市町村	社会福祉法人	社団法人	財団法人	学校法人	宗教法人
2007 年	11,603	10,163	4	227	171	277
2008 年	11,328	10,417	20	220	227	266
2009 年	11,008	10,703	11	210	266	268
2010 年	10,766	11,026	6	197	321	260
2011 年	10,515	11,434	6	175	434	257
2012 年	10,275	11,873	17	143	508	249
2013 年	10,033	12,339	4	97	588	244

(注 1) 2011 年は岩手県，宮城県，福島県の 8 市町を除く．
(注 2) 2010 年以降その他に計上してあった有限会社を株式会社に計上．
(資料) 厚生労働省保育課調べ

の状況を二〇〇七年と一三年の四月一日時点で比べると、市町村は一万一六〇三か所から一万三三か所へと減少している。一方で、株式会社は歴史が浅いため数そのものは少ないものの、同一一八か所から四七四か所になり、この六年での増加率は三〇〇％と高い(図1-2、表1-1)。

オムツかぶれ

保育の質の低下が見られるのは、民間の新設園ばかりではない。歴史のある公立保育所でも、同様のことが起こっている。北関東の公立保育所に子どもを預けている北村和美さん(仮名、二〇代)は、「子どものオムツかぶれが保育の内容を表しているようで、気になって仕方ない」と話す。

北村さんは朝八時に一歳の子どもを預け、一八時三〇分頃にお迎えに行くため、子どもは一〇時間半を保育所で過ごしている。

保育所によって、使用したオムツを保護者が持ち帰るか、保育所で捨てるか方針は異なり、その保育所では保護者が汚物を持ち帰る決まりとなっている。北村さんが最初に疑問を感じたのは、「ウンチをしなかった時は二つしかオムツが返ってこない」ということだ。五〜六時間に一回しかオムツを替えていない計算になる。担任の保育士に尋ねると、「オムツ交換は時間で決まっています。今のオムツは吸収が良いから大丈夫ですよ。何度も替えるともったいないという保護者もいてクレームになりますし。ウンチをしていれば必ず替えますから」と、とりつくしまもない。

保育所に行っている間は常にお尻が真っ赤でいかにも痛そうに見える。むずかって機嫌の悪いことも多い。土日に家でマメにオムツを交換して温かい濡れたタオルでふいてあげ、軟膏を塗るとだいぶ回復するのだが、月曜に保育所に行くとまたすぐ悪化する。連絡ノートに、「オムツ交換の回数を増やして欲しい」と何度も書いたが改善されない。北村さんが保育所に対して「オムツかぶれが治らないので毎日、軟膏を塗ってくださいと医師から診断をもらいましょうか」と詰め寄ると、やっと交換の回数が一回だけ増えた。

オムツかぶれだけではなく、「保育園に行くと、顔も汚くなって帰される」と北村さんは嘆く。子どもの顔がよだれや汗でかぶれて、まるでケロイド状態になってしまうというのだ。暑くて汗をかいても、保育士が顔を拭いてはくれないため、頬がすぐにかぶれた。鼻水をティッシュで拭きとることもせず、いつも鼻水や鼻くそが乾燥してついていた。それを指摘すると、降園時には鼻の周りがカピカピになっていることが少なくなった。だが、子どもの予防接種などで遅刻や早退をする時に様子を見ると、子どもたちは鼻水を口のなかにまで垂らしながら遊んでいて、それを気に留める保育士はいなかった。お迎えの時間の直前だけ鼻をぬぐってくれるようになっただけだったのだ。

北村さんには、他にも疑心暗鬼になる理由があった。「うちの子、土日に家にいる時は全然お昼寝をしないのに、保育園では毎日きっちり二時間半くらい寝ているみたい」といぶかしげに話し、「もしかすると、本当は寝ていないのに、連絡ノートには寝たと書いているのかもしれない。だって、帰宅するとすごく眠くて機嫌が悪く、ごはん時に寝てしまうから」と、苛立った。

保護者の立場の弱さ

「働き続けるためには子どもを保育園に預かってもらわなければならない。預け先があって良かったと思うばかりで、どこまで保育の質を求めていいのか悩む」

団体職員の小堀道子さん(仮名、四〇代前半)は、五歳児クラスと二歳児クラスの娘たちを都内郊外の公立保育所に預けている。小堀さんの住む地域では四か所あった公立が次々と民間委託され、残る公立は一か所のみとなっている。「他の保育園から異動してきたベテランが多かったが、皆、疲れている雰囲気で、ベテランだから良いとは限らない」と首をひねる。

就学直前になると、子どもは一人でもタオルや歯ブラシを決まった場所に置くなどの「お支度」ができるように日々の保育で促されていく。ところが、小堀さんの娘(五歳)はお支度をしているつもりだが、なかなか上手くできずに物を落としながら歩いている。その姿を見た保育士が、小堀さんのいる目の前で「何年経ってもできない子ね」と吐き捨てた。保育士はあからさまには言わないものの、「本当にこの子、小学校にいけるの? 命令にまったく従えないけど」というムードをかもし出す。

面談では、「分かっている時とそうでない時の差が激しく、人の話を聞いていない」ときつく叱られ、しまいには「お子さんが人の話を理解できないのはママとの関係に問題があるからだ」と責める。小堀さんは、「うちの子だけなのだろうか」とおろおろするばかりだ。

登園時などの娘と保育士のやりとりを聞くと、娘ばかりが悪いとは思えなくなった。朝、登園してお支度をする時、それができないでいる娘に保育士が「何か忘れてない？」と尋ねる。漠然とした問いかけに娘はきちんと答えられない。「寒くなったらどうするの？」という問いに娘が「朝、ママが半そでしか用意してくれないの」と答える。保育士がイライラして「結局、寒かったらどうするの？」と問いただすと「上に何か着る」と娘が答えてやっと保育士が満足していた。

小堀さんは「先生が思った通りの答えが出てこないといけないのだろうか？　本人は関連したことを言っているつもりなのに、そこをじっくり見てあげるのが保育のプロではないのだろうか。これでは、決められた答えさえ言えればいい、〝型はめ保育〟ではないのか。公立だから良いと思って選んだが、保育が良いとは限らない」と思ってやまない。

そして、小堀さんの悩みは尽きない。就学前ならではの問題も抱える。五歳児クラスといえば、小学校に入る前の年で、保育所や幼稚園では〝年長さん〟と呼ばれる。この頃には小学校に行く準備のひとつとしてお昼寝をするかしないかということが課題になり、保育所によって方針が異なるが、小堀さんは、「担任が変わるとお昼寝の仕方も変わる」と困惑している。

小堀さんの子どもの通う保育所では、年長の夏の終わり頃から昼寝をしなくなる。ただ、眠い子もいるからと年長クラスの担任は今年から「休息タイム」を設けた。休息タイムをとる子は、机の上にシーツやタオルをまるめて置いて、それを枕にして椅子に座ったまま眠る。横になりたい子のためにはゴザがしいてある。寝つきの悪い子はなかなか眠れずに、寝ぼけ眼のまま昼寝の途中で起こされる。寝るのが苦手な子は寝なくてよくて喜んでいるが、周りで寝ている子がいれば静かにせざるを得ない。小堀さんは「それではストレスが溜まりそう。中途半端に寝て、疲れがとれるのか」と疑問を感じている。

密閉状態の中で

外遊びにも、首をかしげたくなるようなことが多かった。年長の娘が一歳の時は、〇歳児と一歳児の二クラスが合同で保育されていた。三月生まれの娘は、他の一歳児より成長が遅れる分、ひとりだけ上手く歩けなかった。すると、娘を除く一歳児クラスの子どもたちが皆で散歩に出かけ、一人だけ〇歳児クラスの子どもたちのなかに置いていかれた。その分、日の光を浴びながら外の世界に触れる機会を失った。

保育士からは「家で歩く練習をしてください」「お父さんお母さんが休みの時に子どものペースで歩いて石を拾ったりしてください」と指導された。散歩に行かないため、子どもたちは、狭い部屋のなかに長い期間、閉じ込められてしまう。しかも、近隣からは保育所がうるさいと苦情がきて、住宅に面する壁の窓は開けられずに密閉状態だ。

そうした状況のなかで、園庭で遊ぶことは子どもたちの大きな楽しみとなる。なかでも人気のあるのが滑り台だが、事故防止のため保育士が必ず滑り台に一人張りついていないと遊んではいけない。そのため、保育士の人数が足りない時は、滑り台で遊ぶことを禁止される。しかし、園庭に出れば滑り台に子どもたちが群がるため、結局、外には出ないほうが無難だからと、部屋のなかでぎゅうぎゅう詰めにされることが多い。娘はストレスのせいか、送り迎えの時に自分にべったりとくっついて離れない。小堀さんは「外に出られないストレスは子どもにとって大きい。一週間分のストレスを親が休みの日の散歩で補うことは難しい」と感じた。

保育のどこをとっても、「子どものため」とは思えず、なかでも小堀さんたち保護者を悩ませたのは、厳格な保育時間だった。あらかじめ何曜日は仕事が休みだと自治体窓口に書類が提出されているため、そうした曜日には一切、保育を受けつけてはくれない。クラスのなかでいつも月曜が休みのママ友が自身の体調が悪く、病院に行くために子どもの保育を頼んだ時に、保育所からは「子どもも一緒に病院に連れていってください」と言われ預かってはもらえなかった。小堀さんは「病気の母と一緒にウイルスだらけの病院にいって、診察時間まで何時間も待たされるのが、子どものためになるのだろうか」と疑問を感じた。そればかりか、運動会の練習がある日やクラス全体で工作をする日にたまたま親の休みが重なっても「あなた（保護者）は休みの日だから子どもも休みなさい」と言われる。

こうした硬直的な運営に小堀さんは「子どもにとっても、一人だけ仲間はずれにされた気分になってしまうのではないか」と胸を痛めている。

定員オーバーの公立保育所

都内に住む足立由佳さん（仮名、三七歳）は、三歳の子を公立保育所に預けているが、保育所からの「登園拒否」の危機に直面している。

自営業の足立さんは保育所に入るには不利な状況。多くの自治体では、入園審査に「ポイント制」が導入されている。ポイント制とは、保護者の就労状況や、祖父母と同居しているかなどの家庭環境が点数化され、保育所の空きと照らし合わせてポイントの高い順から認可保育所への入園が決定される仕組みとなる。一般的に、正規雇用の公務員や会社員の点数が一番高い。ほかに、ひとり親であることや、妊娠中などの状況も点数化される。そのなかで、就労状況の実態が摑みづらく、時間に融通が利くと思われがちな「自営業」は不利な立場になりやすい。

足立さんは、最初は認可保育所にも認証保育所にも子どもを入れることができなかった。そうした場合、自治体を窓口にした、「家庭的保育者」(保育ママ)制度や、認可保育所などで行われている一時保育、あるいは独自に認可外保育所を探して契約し、子どもを預けることになる。足立さんは、保育ママを利用したが、「ある保育ママのところに預けると決まって下痢をしたり、吐いたり、感染症にかかってしまう」という経験をしてから、「保育ママでは衛生管理がなってないのではないか。やっぱり公立が良いのではないか」と、公立保育所探しに躍起となった。

今や狭き門の公立だが、少し遠くても通える範囲の公立保育所にはすべて見学に行った。自宅近くの保育所の園長は、「なるべくお母さんと一緒の時間を作ってください。保育園をお休みするのは大歓迎ですから」とにこやかに言った。足立さんは「子育てに理解のある園長のようだ。時間をやりくりして、子どもと一緒の時間をもちながら楽しく保育園に通えそうだ」と当初は心弾んだ。

ところが、案内しながら園長が次第に本音を語り始めた。

「待機児童の解消をするためだといって、定員オーバーでも役所から受け入れてと命じられるため、お部屋に子どもたちが入りきらないんですよ。全員では一緒に遊べないから、グループごとに外で遊ぶ子、部屋で遊ぶ子と分かれます。お昼寝をするスペースもないので、ホールに布団を敷いて寝ます。もう、これ以上、園児を増やしたくないんですよね」

本来、保育所には定員があり、それに伴った設置基準の面積が確保されているのだが、待機児童問題が深刻化したことで一九九八年度から、「保育所定員の弾力化」が行われている。年度当初は、認可された定員に対しておおむね一五%、年度後半は同二五%を乗じた人数で子どもを受け入れていいという「保育所への入所の円滑化について」という制度が実施されている。そのため、この保育所でもすし詰め状態で保育が行われ、園長は「それでは良い保育などできない」と考えて受け入れたくなかったのだ。

足立さんは、園長から「園舎も古くて汚いし、こんな状況ですから、他の保育園もよく見学して決めてくださいね。公立なら隣の保育園もおすすめですよ。近くに民間のできたばかりの綺麗な保育園もいくつかありますから」と、念を押された。園長は自分の保育所のデメリットばかりを強調し始めたが、それでも、足立さんは「建物が古いことは関係ないだろう」と、自宅から一番近いこの保育所を第一希望にした。運よく希望が通り、子どもの入園が決まった。

足立さんは、子どもが保育所に慣れない間は、なるべく早くお迎えにいき、子どもと長く過ごせるよう、人と会うような仕事は日中に集中させてデスクワークは子どもが寝ている間に徹夜状態で済ませる努力をした。しかし、園長は手のひらを返したように「あなたは自営業で融通が利くようだから、週四日の登園で良いのではないか」と、登園日数を減らせと言うのだ。

登園日数や時間帯については、保護者の就労状況をみながら自治体が窓口となって決められているため、当然、それを飛び越えて公立保育所の園長が独自に保護者に登園日数や保育時間の変更を言い渡す権限は、基本的にはない。さらにいえば、自営業だからこそ、代わりの社員もいないため、また仕事先の都合に振り回されるため、本来は就労時間はあってないようなもの。足立さんは、「子どもが保育園に慣れるまでの一定の期間のことだから」と、寝不足にも耐えていた。そのうち、子どもが保育所にも慣れてきて、急な夜間の仕事や土曜の仕事も受けようとして保育所に土曜保育を頼むと「延長保育は一か月前に申請してください。土曜保育は最初の申請書類で認められてないので預かることはできません」と拒否された。足立さんは、土曜はやむなく他の民間保育所の一時預かりを利用した。「いったい、何のための保育園なのだろう」と、矛盾を感じている。

この保育所に預けて良いものか

「保育園」に預けることではなく、「この保育園」に預け続けて良いものだろうかと悩む親が増えている。乳児期に頑張って仕事と育児をしてきた母親が子どもの教育を考えて、仕事を辞めて幼稚園に移っていくことは決して少なくない。第一生命が行った「幼稚園・保育所の園長と保護者に聞いた「幼保一元化に関するアンケート調査」」(二〇一二年五月)のなかには、保護者の幼稚園・保育所に対する要望として、保育所のトップが「課外教室」(二八・五%)となっており、教育についての不安がうかがえる。

都心に住む営業職の佐藤美咲さん(仮名、三〇代前半)の息子は、もうすぐ三歳。「今のままだと、本気で幼稚園に移らなければ。子どもの将来が危うくなる気がしてならない」と、気が気でない毎日を過ごしている。

それというのも、佐藤さんの子どもが入った保育所では四月、年初に六人もの子どもが辞退していた。辞退せず入園を決めて登園を始めた子の母親たちは、すぐさま「先生の質がねぇ」と意気投合した。

子どもが一歳の時は認可保育所に入れず、認証保育所に預けていたが、二歳児クラスに上がる四月に空きが出たため民間の認可保育所に転園した。二歳児クラスでは、子ども二〇人に四人の保育士が担任についたが、四~五月の間に二人が辞めた。残ったのは八年目のリーダーと新卒の保育士。法人内の別の保育所から新たに保育士が異動してきたが、「まるで子どもを見ていないのではないか」と、不信感を募らせている。

お迎えに行くと、ある日は鼻血の跡が残っていた。また別の日には、噛まれた後がくっきり腕についていた。そうしたことが度重なり、誰かにぶつかったり噛まれたりしたのか担任に尋ねると「絶対にありません」と言い切る。エプロンを忘れて三日経っても、催促の連絡もない。子どもが部屋から〝脱走〟していても、保育士は「もぉ～」と言っているだけで追いかけない。子どもたちが集まっているなかに見境なく突っ込んでいき、カバンを蹴飛ばすような乱暴な子がいても、保育士は「あ～あ」と言うだけでその場で注意しない。園長は、そんな保育士や子どもの様子に目を光らせるわけでもなく、知らん顔だ。

保育士は、親がお迎えにくると、〝いかにも〟という作り笑いをしたかと思うと、「今日も元気でした」とだけ伝え、去っていってしまう。登園時、降園時の様子からは、保育士同士の人間関係の悪さがあからさまに見えた。新卒の保育士になつく子が多く、リーダーが「若いから良いよね。〇〇ちゃんは、あの先生が好きだよね」と嫌みを言っているのが聞こえた。

四～五歳のクラスは人数が少なく、合同保育で担任は一人。部屋に保育士がいないことが多く、子どもだけで部屋中を走り回って、まるで〝動物園状態〟だ。佐藤さんは「四～五歳ともなれば、しつけや教育が必要なのに、預かってもらえるだけでもありがたいと思えと言われているようだ」と怒りのやり場に困っている。

このような状況に、早くも四月の段階で母親たちは何かを察したのだった。お迎えの時に母親同士が会うたびに「ここ、やめたほうがいいよね。でも、転園も難しいし、どうしよう。本当にダメとなったら、役所にうったえよう」と、不安な胸の内を話し出すと止まらない。

年に二回、保育参観があるが、全員を集めてのイベントとなるため、普段の実際の保育の様子が分からないことも、保護者の気持ちをヤキモキさせている。地価の高い都心にある保育所のため、その地域に住む親は必然的に、医師や弁護士など高学歴・高収入の親が多く、子どもの教育にも関心が高い。ついには「こんなことなら来年は保育園を辞めて幼稚園に転園する」と宣言する母親が現れ始め、佐藤さんの気持ちをますます焦らせている。

「この子の人生の最初の五年間。基礎をつくる時期にこの保育園にいていいのか。他に選択できればいいのに、悔しいとしか言えない。結婚する前からどこで産んで、どの保育園に預けるかまで考えておけばよかった。転園もできないなら、土日に習い事をさせてフォローすればいいのか。しかし、それでは子どもが疲れてしまう。できることなら、仕事を辞めて四歳には幼稚園に移してあげたほうがいいのか」

厚労省の第七回「二一世紀出生児縦断調査」(二〇〇八年)では、父母の就労状況と家庭学習への関わり方が調査されている。母親が無職で仕事を探していない場合の「勉強する時間を決めて守らせている」割合は四三・四％なのに対し、母親が常勤で勤めている場合は二八・三％と、当然だが、低い。二〇〇六年の同じ調査では、平日の日中に誰に預けているかによる子どもの習い事の違いを調べており、「保育士等」(保育ママやベビーシッターも含む)に預けている場合の習い事をしている割合は四〇・五％だが、「幼稚園の先生」では六三・二％と高い。

考えれば考えるほど、佐藤さんの悩みは深まっていく。

怖くて入れられない

待機児童の多い地域では、保育所の建設ラッシュとなっている一方、少子化の進む地域では保育ニーズのある子どもの数が保育所の定員に満たず、保育所が統廃合されている。厚労省の「保育所関連状況取りまとめ」では、認可保育所で定員数が増加した市区町村と、逆に減った市区町村を調査している。二〇一四年四月一日時点の両者の定員数を差し引くと、北海道、秋田県、群馬県、石川県、三重県、和歌山県、愛媛県の一道六県で定員数がマイナスになっており、待機児童問題よりも少子化のほうが深刻になっていることがうかがえる。そうしたなかで、入園を申し込みさえすればほぼ誰でも子どもを預けることができる地域もあるが、保育所に預けることに躊躇している母親もいる。

東北地方の柳田晴美さん(仮名、二八歳)は、子どもが産まれてすぐに仕事をしようと予定していたが、一年経っても保育所の入園のための申請書類を出せないでいる。それというのも保育士の姉から、さんざん保育所の実情を知らされているからだ。

姉は、非常勤で公立保育所に勤めている。妹が住む地域では少子化で保育所が統廃合されてきた結果、ここ数年、新卒採用がなく、非常勤や臨時職員でしか働けない。正職員は年配の保育士ばかり。だからといって、良い保育をしているわけではないという。内職や短時間の非常勤勤務、なかには専業主婦の子どもも保育所にいて、多くはお迎えの時間が一六時三〇分となっている。その子たちの母親が時間どおりにお迎えにこないと「あんたのお母さん、暇なのにちゃんとお迎えにこないわね」と舌打ちするという。

柳田さんは、「経済的にどうしても働かなければならないというわけではない。だったら、このまま子育てに専念して、幼稚園に入れようか」という気持ちになるまで追い詰められている。

子どもの代弁者になれるのは誰か

これまで記したように、面積基準は守っていても四畳半や六畳程度の広さで柵を立てて、そのなかで十数人の子どもたちが寿司詰め状態で遊ばされていることが、珍しくなくなっている。言葉は可愛いが「背中ぺったん！」と声をあらげておとなしく壁に沿って立つよう指導されたり、床にビニールテープが張られて、その範囲内で子どもが遊ばされることを見かけるのも珍しくない。

保育園を考える親の会の普光院亜紀代表も、現場を見たり保護者からの苦情を聞いたりする中で危機感を抱いている。普光院代表が足を運んだある保育所では、若い保育士があらゆる場面で子どもを指示・命令で縛る保育をしていた。子どもたちは言われたとおりに移動し、壁に背中をつけて座らされ、先生の話を聞き、与えられたおもちゃで遊び、フラッシュカード（早期教育教材）に取り組んでいたという。

「このところ認可保育所にも、質のばらつきが目立ってきた。そもそもの面積基準や保育士配置基準も十分ではないが、待機児童が多いから基準ぎりぎりの環境で保育が行われることが増えていると感じている。施設環境にゆとりがないと、保育士の負担がふえる。そのとき保育士自身が未熟だと、子どもの自由を奪い管理する保育になりがちだ。

きつく言われれば子どもは言うことをきくが、それでは自分で考える力や自己肯定感は育たない。せめて保育士を定着させ、保育の方針や手法の共通認識、一人ひとりの子どもの個性や発達過程への理解、家庭とのコミュニケーション、チームワークなどを熟成させてほしいが、保育士の入れ替わりが激しいとそれもかなわない」(普光院代表)

厚労省の「保育所保育指針」には、子どもが自らの興味・関心を広げ、主体的な遊びや仲間とのかかわりを豊かにできるような保育を行うよう説いているが、普光院代表から見ても、そのレベルの保育をするために必要な施設環境や保育士の技量が不足する施設が増えているのだ。

保育所の数ばかりが注目されてきたが、その背後で起こっている保育の質について、もっと目を向けるべきではないだろうか。

第2章

保育士が足りない!?

高まる保育の需要に保育士の人材確保が追いつかないため、現場は空前の保育士不足に陥っている。子どもの命を預かり、親の雇用を守る仕事でもある保育士の処遇はあまりに悪く、真剣に親子と向き合う保育士ほどバーンアウト(燃えつき)して辞めていく。保育士の資格を持ちながら実際に保育士として働いていない「潜在保育士」は、六〇万人以上に上る。

この章では、保育士の労働実態や処遇について焦点を当て、なぜ、保育士が辞めるのかを浮き彫りにする。

いきなり一歳児の担任に

第１章で紹介したような、親子にとって決して優しいとはいえない保育現場は、働く側の保育士にとっても〝悲惨な職場〟となっている。

「とにかく〝保育〟なんてできない状態。みな、疲れきって、なんとかみているのがやっと」

株式会社が大展開する有名な認可保育所で働いていた山本美穂子さん（仮名、四〇代）は、こう振り返る。保育士の労働条件が悪ければ、決して良い保育などできない。同僚の保育士が続々と辞め、山本さんも、わずか一年で他の保育所に転職した。

もとは幼稚園教諭だった山本さんは、三〇代後半で子どもを授かり、一時は専業主婦になったが、夫がうつ病になったことをきっかけに再び働き始めた。その際に選んだのが、保育の道だった。

求人広告を見れば、どこにでも「保育士募集」の文字が躍っている。とにかく正社員で勤めたいという一心で、求人広告でたまたま見つけた大手の保育所運営会社に応募した。次々に保育所をオープンさせているため、見学に行くと、園長が「ブランクがあっても子育て経験があれば大丈夫。山本さんは幼稚園の経験があるし、大丈夫ですよ」と、優しいフォローがあるような雰囲気を醸し出した。

採用が決まり、短大卒や専門学校卒などの保育士の月給は一律で一八万円で、四大卒だと一九万円。この他、担任の事務処理、残業代を含む「クラス手当」が月二〇〇〇円、行事が年三回(夏祭り、運動会、年末発表会)あり、一回当たり五〇〇〇円が支給されるという条件が提示された。企業に就職することで安定するのではないかと考え、「まあ、大丈夫かな」と思ってしまったのが、「地獄」への入り口となった。

都内で四月に新しく開園する保育所が山本さんの勤務地となった。三月三〇日、一三時三〇分に現地に集合するよう命じられ、四月一日から一緒に始めていく保育士仲間との顔合わせをするのだろうと意気揚々と向かったが、いざ到着すると、担任がまだ決まっていない状態だった。そればかりか、二日後にオープンして子どもたちを受け入れるというのに、内装工事中で、ロッカーが壁に打ち付けられている真っ最中で、ようやく配送業者からおもちゃや絵本が届いたところだった。「これはいったい、どういうことか」と疑問に思いながらも、皆で急いでカラーボックスを組み立て、絵本やおもちゃを配置した。その日、普通なら入園前に行われる保護者との面接はないまま終わった。

保育士のメンバーを見ても不安ばかりが募った。グループ内から正社員の保育士が四人、契約社員一人が異動してきた。山本さん以外の最年長者が二八歳で保育士歴は二年目。山本さんは、右も左も分からないうちに一歳児クラスの担任となりリーダーを任された。

ひたすら慌ただしい毎日

四月一日の初日、保育士らは戸惑いのなかでスタートを切った。朝、続々と子どもたちが登園するが、当然、誰が誰だかさっぱり分からない。「この子、誰？」と、てんやわんやした。この子は歩けないから〇歳だろうと、なんとかクラス分けをしてみたが、一、二歳児は、まだ話もできず、見分けがつかない。なんとなく三歳だろうという子を三歳児クラスの部屋に集めた。母親もただ子どもを置いて出勤してしまう。なんとか顔写真と見比べて、この子が誰かと推察していったが、最後にまったく見当がつかない三人が残った。どこかに名前があるかもしれないと服を脱がして裸にしたが、最後まで分からなかった。クラスの名札をガムテープに書いて園児の背中に貼っていった。そうしてやっと九時三〇分から一〇時にかけての〝朝おやつ〟の時間を迎えた。

〇～二歳児に出る〝朝おやつ〟は、ビスケットやクラッカーなどの軽食と牛乳と麦茶のスタンダードなメニューに加えて、この保育所では珍しく、ブロッコリーなどの野菜も出ることが多かった。ところが、いつも茹ですぎの状態で、べちゃべちゃとして形が残っていない。とても咀嚼の訓練ができる状態ではなく、子どもたちは噛まずに飲み込んでしまう。朝おやつの段階でも、「これで良いのだろうか」と山本さんはさらなる疑問を感じたが、毎日が慌ただしく過ぎていくため、考える余裕がなくなっていく。

職員には休憩する時間はなかった。園児と同じ給食を一食三五〇円で給与から天引きされて食べさせられるのだが、まったく美味しいとはいえない。とりあえずお腹がいっぱいになればよかった。保育のマニュアルがあったが、それを読む暇もなく過ぎていった。

六月、山本さんは一歳児クラスの担任から二歳児クラスの担任に変わった。四月の時点で二歳児の担任は三年目の保育士が一人と新卒が二人いたが、新卒の一人は一週間目で辞めてしまい、もう一人もゴールデンウィーク明けから出勤しなくなった。東海地方からリーダー役が転勤してきたが、すぐに体調を崩して辞めた。やむなく、幼児クラス(三歳)に来ていた派遣社員の保育士が四月の途中から二歳の担任に入った。一時、二歳児クラスの担任がその派遣保育士の一人になってしまい、山本さんが急きょ、二歳児クラスのリーダーになったのだった。

七月に入ると、幼児クラスでの経験が五年ある保育士が入ってやっと担任が三人揃った。ただ、派遣保育士は五時間の短時間勤務のため、早番と遅番、残業は頼めず、正社員の負担は大きくなった。

保育所では、開園から門が閉まるまでが長いため、早番、中番、遅番などと呼ばれるシフト制勤務がしかれる。山本さんの職場では、七時三〇分から延長保育が終わる二〇時三〇分までの間で勤務する。二週間ごとにシフトが組まれたが、八時三〇分から一七時三〇分の中番は一回あるかないか。早番または遅番ばかりで不規則な生活を強いられた。早番は七時三〇分から一八時三〇分だが、七時には出勤。帰るのは二〇時を回った。遅番は一一時三〇分から二〇時三〇分までだが、時間どおりに出勤しては園児の様子が分からないので二時間前倒しで出勤した。

山本さんは小学生の息子から「はやばんでも、なかばんでも、おそばんだね－。おそばんだと、ずーっとおそばん」と言われ、苦笑いするしかなかった。二二時にはビルのセキュリティによって自動的に鍵が閉まるので強制的に保育所の外に出ることになるが、残業しても終わらない仕事は持ち帰った。

また、〝残業〟の管理も厳しかった。基本的に残業代は一切出ない。実際に始業前や終業後に仕事をしていても、シフト通りにタイムカードを記録するよう社をあげての指導が行われていた。労働基準監督署が調査に来ても指導されないよう、日常的にタイムカードが改竄《かいざん》された。

多くの認可保育所では平日の他に土曜も開園しており、日曜と祝日、年末年始は休みとなっている。山本さんの職場では、土曜は常に一五人ほどの保育をしており、保育士三人制で、七時三〇分から昼までの〝半日出勤〟、一〇時三〇分から一九時三〇分までの〝普通出勤〟、七時三〇分から一九時三〇分までの〝長勤〟を三人で回した。山本さんは半日勤務の当番の日でも、溜まった事務処理をするため午後はサービス残業で職場のパソコンに向かった。

安全を保つのがやっと

保育士の事務的な仕事として代表的なものは、日々、保護者とやりとりをする連絡ノートに食事や排泄、その日の様子を書くことがひとつ。そして、掲示板などに張り出す保護者向けの日誌を書く業務があり、日中は保育をしているため、どの保育所でもたいてい、降園時に必要なものは午睡(昼寝)の間に短時間で必死に書き上げている。

そして、「週案」「月案」といって、その間、どんな保育をするのかその狙いなどを定期的にまとめる仕事もある。また、「児童票」といって、個々の子がスプーンやフォークをどれくらい使えるようになったかなど、発達についても記録する必要がある。個別の指導計画も毎月作っている。季節ごとに玄関やクラスを飾る絵や工作などが、残業や持ち帰りの仕事になっていることが多い。

山本さんの保育所では、保護者へのサービスを重視するため、午睡用のシーツを付け替えるのもすべて保育士の仕事とされていた。コストダウンのため、おしぼりを洗うのも職員で、洗濯機は常にフル回転した。トイレ掃除も保育士が行った。二歳児クラスの担任になった派遣保育士は、うつ病になって九月下旬に退職してしまった。担任が三人揃っていたのは一年のうち二〜三か月もなかった。その代わり、〝研修〟といっては、本社を通じて毎日、他の系列園から保育士のヘルプ(応援)がきた。それでも保育士が賄えない時は、本社から現場を知らない若い社員がヘルプに来た。

職員は、疲れ果てて安全を保つのがやっと。朝は自由遊びをして、おやつ、昼食、午睡と、一日やることをこなすだけ。食べるのが遅い子がいると、若い保育士が後ろに立って茶碗とスプーンを持って、子どもの口のなかへかきこんでいった。それを見た園長は「虐待だ」と厳しく注意し指導もしたが、その株式会社の保育所でしか働いたことのない保育士は疑問に思っていないようだった。

子どもの発達を促す保育どころではなく、二〜三歳になっても、手をつないで散歩ひとつきちんとできず、ロープで子どもたちをくくって公園まで行き来する。通常なら、ロープを使うのはせいぜい一歳児クラスまでだ。「この保育園にいることで、発達が一年遅れる」と、山本さんは保護者にも子どもにも申し訳ない気持ちでいっぱいになった。

「もう、これは保育ではない」

もともと幼稚園で働いていた山本さんは、日に日に、この保育所で過ごす子どもたちが不憫でならなくなった。幼稚園では、アスレチック、木登り、鍵盤ハーモニカ、ドラムなどを教えた。三歳で楽器に触れて四～五歳で本格的に鼓笛隊ができるくらいに練習していた。園長も、公立では鍵盤ハーモニカを当然のように練習させていたため、この民間保育所にきて、「五歳なのに鍵盤ハーモニカもないの？」といぶかしげに言った。株式会社は、保護者に分かりやすく人気のある英語やリトミックの時間があるが、それもしょせん、親しむくらいのレベルだ。「〇～二歳までは、それでもいいだろう。三歳からは、楽器もなく園庭もなく園児数も少ないところより、きちんとした集団のなかで、もっともまれて小学校へ行かせたいと多くの子が幼稚園に移るのだろう」。そう思うと、山本さんは、だんだんと心身ともに疲弊し、バーンアウト寸前の状況に追い込まれた。

そして、年に三～四か月はすべての土曜が出勤日となった。この保育所で働くようになって一年間、山本さんは一度もわが子のために夕食を作ることができなかった。いったんは、パート勤務に転換したいと本社に申し出たが、時給八五〇円で正社員と同様、担任を受け持つという条件のため、「だったら、正社員のほうがまだいい」と、思い直した。すぐにでも辞めたかったが、担任になった子どもたちへの責任があると考え、年度末までは耐えようと続けた。思えば入社前は一年目は勉強の期間と言われ、そのつもりだったが、保育の流れも分からないまま担任となり、馬車馬のごとく働かされた。

「もう、これは保育ではない。ただ預かってなんぼの世界だ。もう限界だ」

山本さんは年度末を待って退職した。

東京都による「東京都保育士実態調査報告書」(二〇一四年三月)によれば、現在、保育士として働いている人のうち、離職を考えている人の割合は全体で一六％と、六人に一人になる(図2-1)。公設公営より民設民営のほうが就業継続の意向が低い。退職意向の理由は、一位「給料が安い」、二位「仕事量が多い」となっている。

また、全国福祉保育労働組合(福祉保育労)が行った「福祉に働くみんなの要求アンケート」(二〇一五年)の保育所保育士版(二〇〇八人の保育士が回答)では、「普段の仕事での心身の疲れに

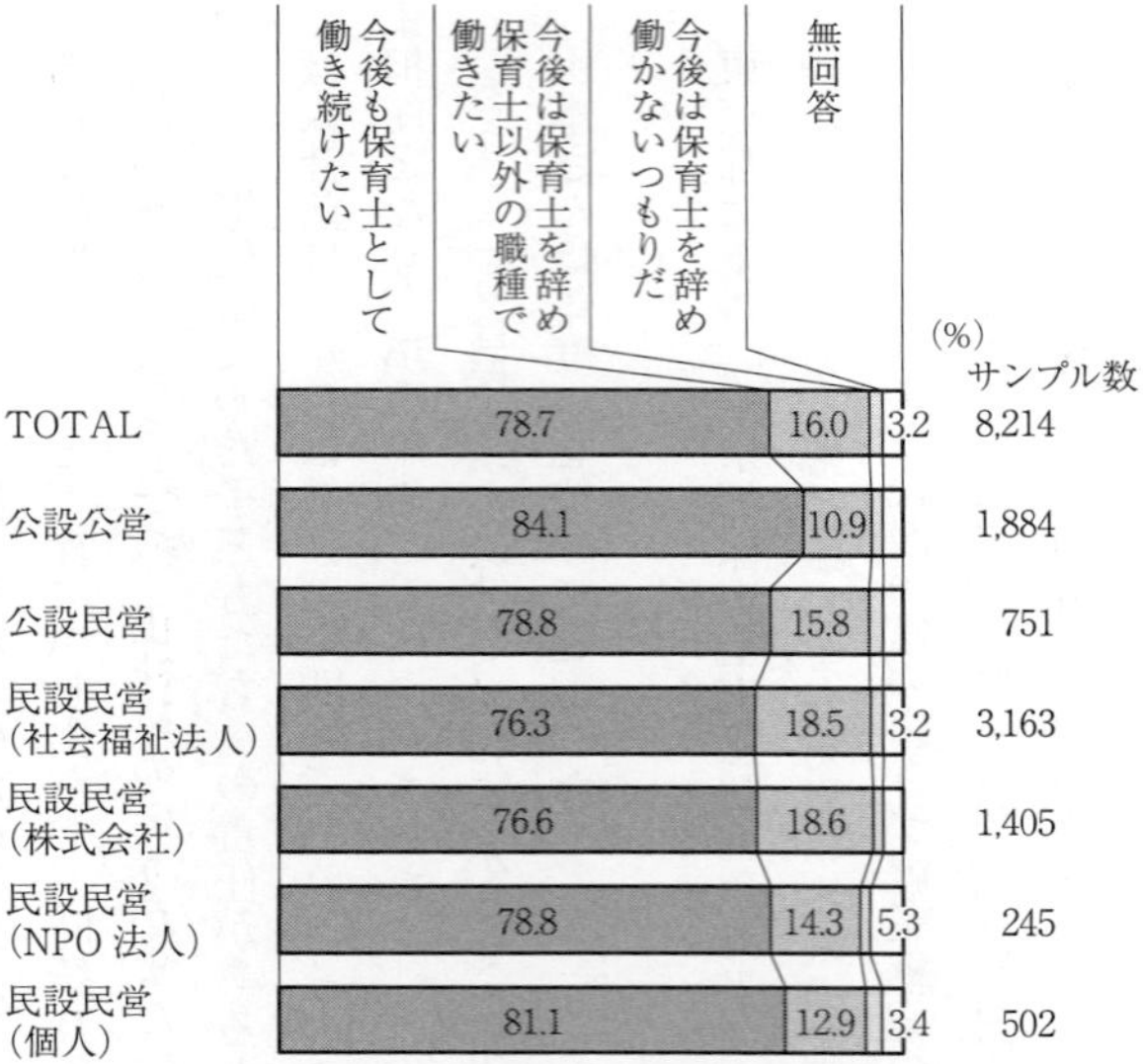

図 2-1　保育士の勤務実態〈今後の就業継続意向（運営主体別）〉
（出所）東京都「東京都保育士実態調査報告書」（2014 年 3 月）

ついて」を尋ねており、「とても疲れる」（四六・七％）、「時々疲れを感じる」（四九・七％）で、ほぼ全員が疲れている状態だ。「仕事や職場で強い悩み・ストレスを感じますか」の問いには「常に感じる」（一八・八％）、「時々感じる」（六一・八％）とストレスも強い。ストレスの原因は「責任や業務量の増加」が突出して三九・四％となっている。

こうした現状について、福祉保育労の澤村直書記長は「保育所の運営経費では本来は人件費が八割ほどを占めるため、剰余を生み出そうとすれば人件費に手をつけるしかない。

すると人員は最低基準ギリギリとなり、かつ非正規雇用化が進む。残業代も未払いになり〝ブラック企業〟と化してしまう。希望に満ちて保育士になっても労働環境の悪さで辞めるか、その環境に慣らされてしまい本来の保育ができなくなっていくか。国は子どもの発達保障が十分にできる予算をつけ、一定の保育水準を維持するべきだ」と指摘する。

〝ブラック保育園〟

かつては公立保育所が主流で、そこで勤める保育士の職業は女性が手に職をつけて長く働くことのできる代表的な職業だったかもしれない。しかし、民間の保育所が増えるにつれ、雇用は不安定化し、〝ブラック企業化〟しつつある。

民間保育所のなかでも社会福祉法人は公共性が高く、これまで自治体が認可する比率も高かった。しかし、社会福祉法人でも新設ラッシュが相次ぎ、二〇〇七年度の一万一六三か所から一三年度は一万二三三九か所へと二一％も増加するなかで、株式会社と同様に劣悪な労働が強いられている（表1-1）。

戦後に設立されたある社会福祉法人は、社会福祉法人の代表格とも言われている。関東にも進出し、二〇一四年度で全国に約二〇か所もの保育所を展開している。その系列で都内にできた認可保育所で一緒に働いていた若い二人の保育士は、「まるでブラック企業そのもの」と口を揃えた。

今野明美さん(仮名)と柏木京子さん(仮名)はともに二九歳。同じ歳の二人は仲が良く、同じ年に子どもを産んだ。筆者と出会った日、二人は〇歳の子どもを連れてカフェで子育ての話で盛り上がっていた。働いていた〝ブラック保育園〟の話題になると、「何時間でも話すことができる」と身を乗り出した。

今野さんは新卒で採用され、新しくできる保育所に配属された。今までに記した株式会社と同様、入園式の前日の深夜まで部屋を整える準備に追われた。自転車通勤の職員は「終電は関係ないから」と、深夜一時まで残業を強いられた。花の飾りにこだわるその保育所では、園内に毎日飾る生花を、保育士がお金を出して用意するよう命じられた。

話が違う、ということが多かった。大卒は月給二二〜二三万円という条件だったが、実際に入職すると手取り一八万円が最高額で、今野さんの手取りは一六万円だった。ボーナスは年に三回、合計一五万円が支給された。都心の保育所に通勤するため、近くに住むと家賃は九万円もかかり、一人暮らしではカツカツとなった。

休みも少ないと感じた。求人広告には「原則週休二日制」とあった。土曜に出勤すれば平日に代休があると思っていたが、代休はなかった。その疑問を訴えると「うちの法人はこうだから」と一蹴された。

労働基準法では、週に一日以上の休みを設けるよう規定があるが、それ以上の条件は個別の就業規則などによる。職業安定法の第四二条には、求人広告を出す際には労働者に誤解を生じさせることのないような平易な表現をするなど的確な表示に努めなければならないとされるが、厚労省は「原則はあくまで原則となってしまう。明らかに虚偽だという状況が認められれば、行政指導が入る可能性もあるが判断が難しい」としている。今野さんのケースも泣き寝入りするしかない。

前述の「東京都保育士実態調査報告書」では、正職員の勤務実態は、週当たり日数が「六日以上」が三一・二％、一日当たり勤務時間が「九時間以上」が四七・六％となっている。年収で最も多い幅は、「二〇〇〜三〇〇万円未満」で、正職員が四六・二％、有期契約職員フルタイムで四九・二％。約半数が賃金に不満を覚えている。今野さんのように、長時間、低賃金で働かされている実態が全体としても浮かび上がる(図2-2)。

また、本来は労働安全衛生法に基づく労働安全衛生規則で、休憩するための設備がなければならないが、保育所に休憩室はなかった。事務所では園長や理事長だけがのんびりとしていた

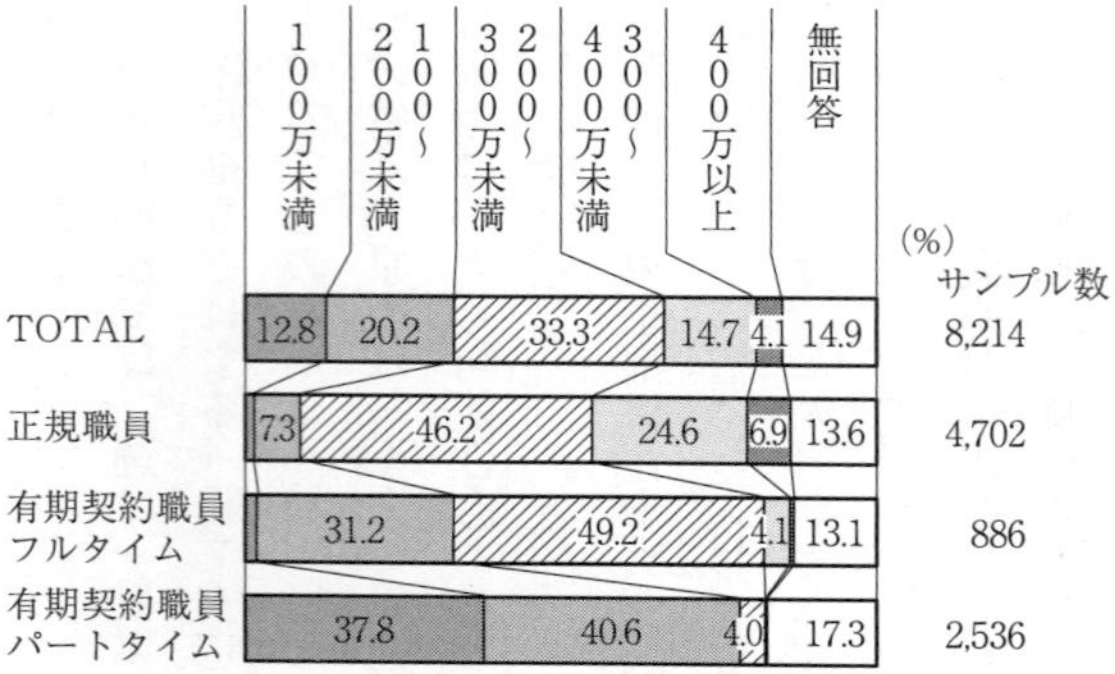
100万未満
100~200万未満
200~300万未満
300~400万未満
400万以上
無回答
(%)
サンプル数
TOTAL 12.8 20.2 33.3 14.7 4.1 14.9 8,214
正規職員 7.3 46.2 24.6 6.9 13.6 4,702
有期契約職員フルタイム 31.2 49.2 4.1 13.1 886
有期契約職員パートタイム 37.8 40.6 4.0 17.3 2,536

図 2-2a 勤務実態〈年収〉

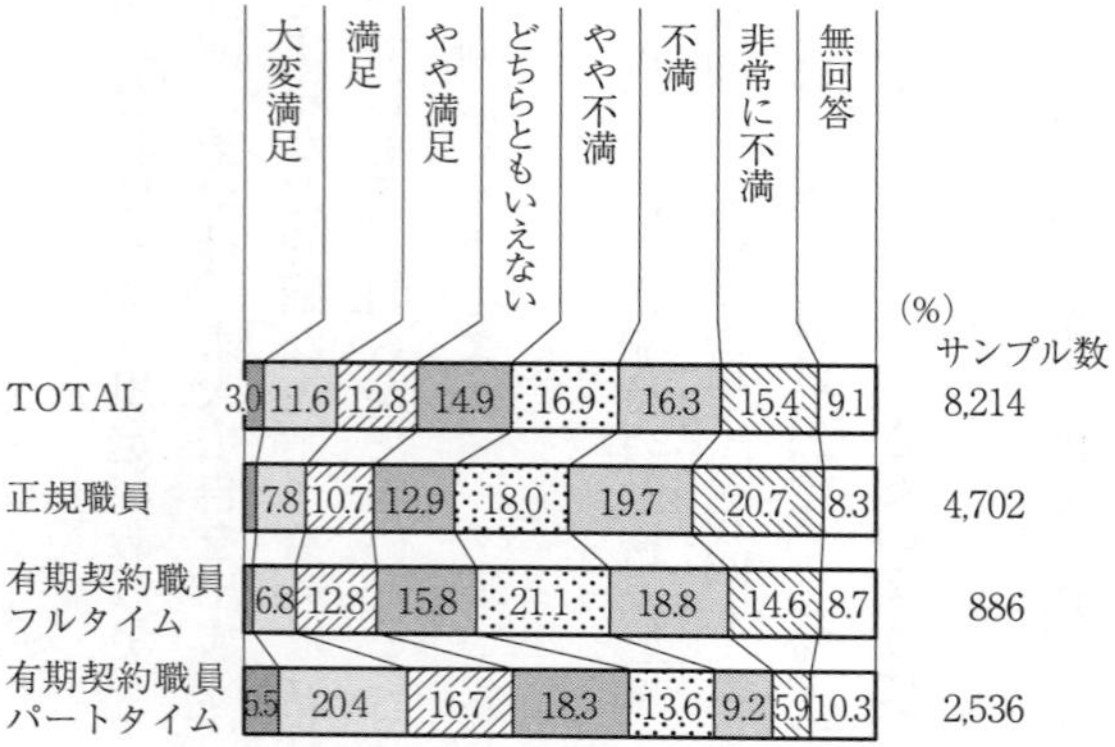
大変満足
満足
やや満足
どちらともいえない
やや不満
不満
非常に不満
無回答
(%)
サンプル数
TOTAL 3.0 11.6 12.8 14.9 16.9 16.3 15.4 9.1 8,214
正規職員 7.8 10.7 12.9 18.0 19.7 20.7 8.3 4,702
有期契約職員フルタイム 6.8 12.8 15.8 21.1 18.8 14.6 8.7 886
有期契約職員パートタイム 5.5 20.4 16.7 18.3 13.6 9.2 5.9 10.3 2,536

図 2-2b 給与・賞与等の満足度

（出所）図 2-1 に同じ

が、入社から一年、休憩時間はまったくなかった。一七時までのシフトでも二〇時まで残業することはザラだった。休日に〝ボランティア〟出勤すると高い評価につながった。

在職中に結婚し、妊娠すると、マタニティ・ハラスメント(マタハラ)にあった。マタハラとは、働く女性が妊娠や出産をきっかけに職場で精神的・肉体的な嫌がらせを受けたり、妊娠・出産を理由に解雇や雇い止めなどの不利益な扱いを受けること。二〇一三年五月に連合(日本労働組合連合会)が調査すると、マタハラ被害の経験者は四人に一人に上った。労働基準法や男女雇用機会均等法では、妊娠・出産を理由にした解雇や労働条件の不当な切り下げを禁止したり、業務の負担を軽減させる母性保護規定が定められているが、今野さんの職場では、それらはまるで無視されていた。

同じ年齢の主任は理解がなく、「戌の日」にお詣りしたくても、有給休暇をとらせてくれない。妊娠初期でつわりがひどく、業務量や勤務時間について相談すると、「妊娠を発表するか」と尋ねられた。「皆に助けて欲しいのでお願いします」と答えると、「まだ流産するかもしれないし」と翻し、一方的に発表は見送られ、業務の負担は軽くならなかった。

今野さんは、「妊娠していなかったとしても辞めただろう」と、退職を願い出ると、出産の直前まで働くよう命じられた。つわりがひどいことを主任は知っていたが、クラス担任から外してはくれず、二歳児クラスの担任として通常の保育にあたった。体に負担のかかる業務があっても交代してはもらえなかった。体調が悪く休むと、有給休暇が残っていても使えず、欠勤扱いとされて給与から一日につき一万円が差し引かれた。「臨月になったら、飛び跳ね回りいたずらも盛んな時期の二歳児をみるのは危険だろう」と、まだ妊娠五か月だったが、三月で逃げるように退職した。

今野さんは当時のことを思い出しただけでも、「こんなにも守られないなんて……」という怒りでいっぱいになる。

北海道労働局が二〇一四年一月に「保育所等に対する監督指導結果について」を発表し、業界に波紋を呼んだ。同局が一三年七月以降に道内の保育所や保育施設二二〇件に対して、労働基準法、最低賃金法、労働安全衛生法について監督指導を実施すると、うち一八一件に違反が見られ、違反率は八二％に上った。法令違反の上位三項目は、①法定労働時間に関する事項、②労働条件の明示に関する事項、③時間外労働等の割増賃金に関する事項だった。これは全国的に起こっている問題で、まさに、今野さんの経験そのものでもある。

そして、「潜在保育士」に

法令違反ばかりか、保育内容についても今野さんは怒りを隠せない。母親たちは、お散歩に連れていって欲しいと口々に希望していたが、保育士の人員がギリギリで外に連れ出すことができなかった。園庭はなく、屋上が園庭がわりだったが、そこで〇～五歳の子どもたちを遊ばせるには狭く、交代制でしか使えない。何をするにしても園長か理事長の許可が必要で、缶蹴り遊びですら許可がいるため、保育計画もままならなかった。

今野さんと同じ保育所で四～五歳児クラスの担任だった柏木さんも新卒で入職したが、「一か月で辞めようと思った」と話した。開園した時は、絵本やおもちゃなどの備品が何ひとつなかった。やむなく、柏木さんら保育士が自腹を切って一〇〇円ショップで色鉛筆を買い、広告の裏にお絵かきをさせたが、色鉛筆の品質が悪く色が薄くて描けなかったため、家にある色鉛筆や絵本を持参して保育にあたった。紙芝居もコピーしたものを画用紙に貼って使った。それでも足りず、毎週、図書館に行って二〇冊ほど絵本を借りてきて子どもたちに読んで聞かせた。保育の時間が終われば製作の残業が待っていた。ひとりで四歳と五歳を担当し、それぞれの保育計画を立てるのには苦労した。

園長や主任からは、「この机は何百万円もするから絶対に汚さないで。水筒を置くな」などと厳しく言われた。柏木さんは「施設の中は綺麗だが、そんな実態を親は知らない」と、常に疑問を感じてしまい、二年で辞めた。実家から通勤していたが、プライベートな時間がまったくもてず疲れ切っていた。大学の男友達から、「保育士って子どもと遊んでいるだけで給与もらえていいよねー」と言われることが多く、それも精神的に辛かった。「正職員はこりごり」と、派遣保育士になった。

派遣会社に登録すると、神奈川県内の歴史ある地域では有名な社会福祉法人が運営するマンモス保育所に派遣された。定員が二七〇人。派遣先のホームページを見ると、しっかり情報公開がされていて、良い保育所のような印象を受けた。派遣で保育補助として働き始めると、時給は一二〇〇円で残業は一切ない。それまで幼児クラスで担任は一人だったが、今度は二歳児クラスを受け持ち、複数の保育士で保育にあたる楽しさを味わった。正職員だと責任が重く、職員同士の人間関係がシビアだったが、派遣保育士でいると正職員から優しくされる気がした。派遣の同僚が正職員になると、「派遣に戻りたい」と言うくらいだった。おたより、月案、週案など時間がかかり、保護者対応などするとなると責任の重さが違う。

最初は働きやすいとは思ったが、だんだんと、保育の質について疑問を持つようになった。二歳児クラスは五〇人。無資格者を含む保育者が一一人いたが、はしゃぎまわりたくて仕方ない年齢五〇人をまとめるのは至難の業で、保育士が皆、怖かった。担当グループ分けもなく、すべてが流れ作業となった。「はい、早く手を洗って」「早く噛んで」「はい、次は早く着替えて」「早く起きて」と、保育士が常に「早く、早く」と子どもたちをせかす。柏木さんは「動作の遅い子もいるのに、かわいそう」と胸を痛めた。トイレの介助も流れ作業で、子どもの人権などないに等しかった。この時期、オムツからパンツに移行するトイレトレーニングを完了に向ける頃だが、「人数が多いから」といって、それどころではない。

さらに驚いたのは、柏木さんが派遣保育士として働いていた二年間のうちに、一回も外に散歩に行かなかったことだ。おもちゃで遊ばせる時も、まるで流れ作業のように「どーぞー。これで遊んで〜」と、ざーっとおもちゃを床にばら撒いていたのだ。

見学者がくると、インターフォンで電話を回しあい「見学が来るから、座り方と言葉に気をつけて」と、注意を促された。見学者の姿が見えたとたん、二歳児クラスでは、保育士が一斉に正座して子どもの目線に合わせて保育にあたり、まるで違う保育所のように雰囲気が変わってよくなった。ここも、長く働くのに値する保育所ではなかった。

今野さんと柏木さんは、今、保育士の資格を持ちながら実際には働いていない、いわゆる「潜在保育士」だが、揃って「自分の子どもは自分でみたいから辞めた。しばらくは働かないと思う。子どももいるし、もし働くなら責任も残業もない派遣」と断言している。

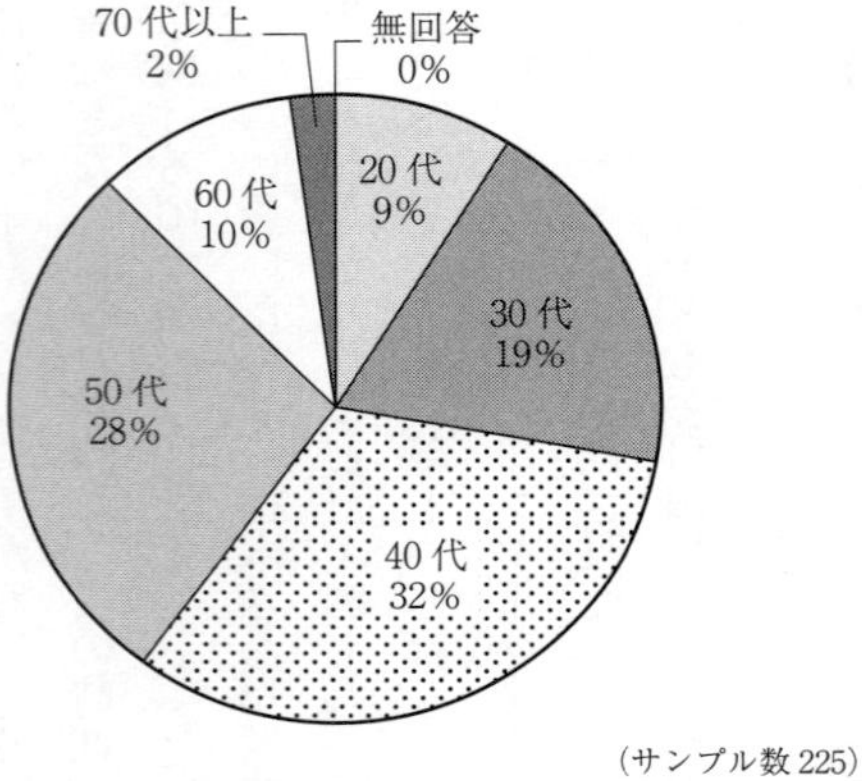

図 2-3a　現在保育に就業していない人の年代別割合

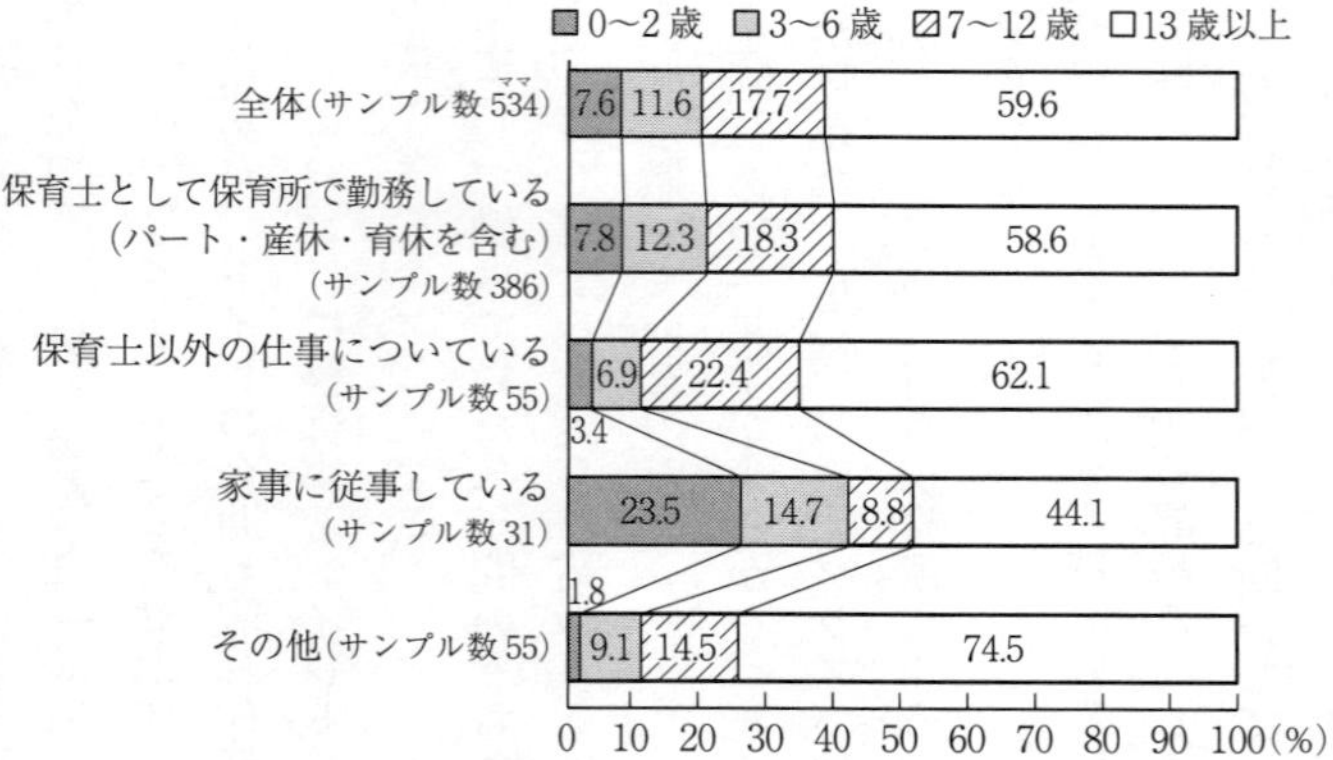

図 2-3b　子どもの年齢別割合

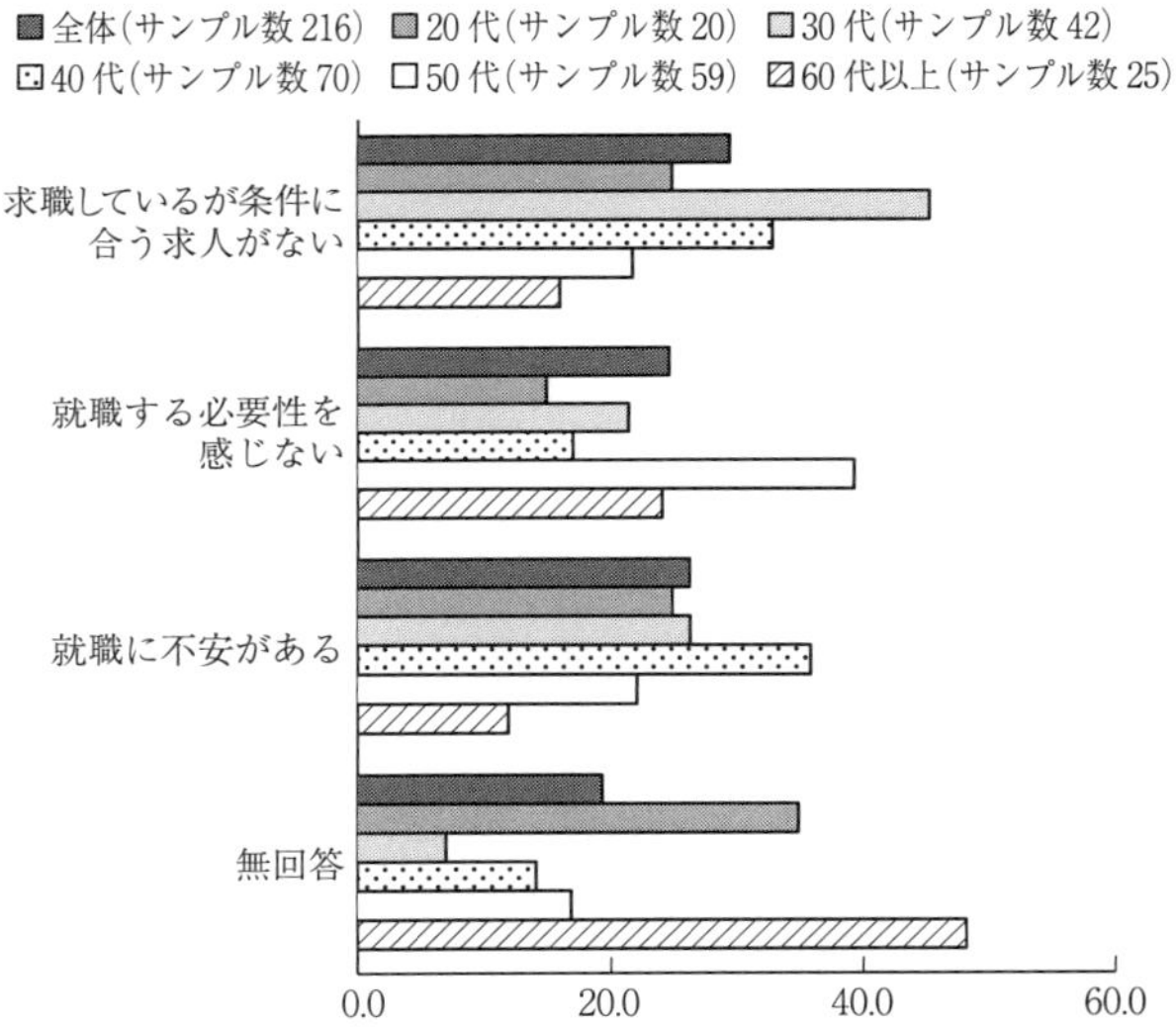

図2-3c　保育所で就労していない理由(年代別)

(図2-3資料) 平成23年度厚生労働省委託事業「潜在保育士ガイドブック――保育士再就職支援調査事業・保育園向け報告書」(株式会社ポピンズ)

二〇一一年にポピンズが厚労省から委託を受けて調査を行い「潜在保育士ガイドブック――保育士再就職支援調査事業・保育園向け報告書」がまとめられている。同報告書では、潜在保育士の定義を、保育士資格を持ちながらも就業していない人で、保育士としての勤務経験がある人、ない人のどちらも該当するとしている。保育士を対象とした有効回答は八〇〇人と少ないものの、潜在保育士は五七万人と推計している。現在、厚労省では潜在保育士の数を六〇万人以上としている。

潜在保育士の七五%は配偶者がいて、六九%には子どもがいる。離職の理由は、二〇代では「近い将来結婚、出産などを控えている」(二一・九%)が多い。三〇代では、「家庭との両立が難しい」「他の職種への興味」「近い将来結婚、出産などを控えている」が同率で二一・〇%だった。

保育所で就労していない理由は、①求職しているが条件に合う求人がない(二九・六%)、②就職する必要性を感じない(二四・五%)、③就職に不安がある(二六・四%)、④無回答だった。保育所で就労するにあたっての不安要素として「家庭との両立」(四八・六%)、「自身の健康・体力」(四五・五%)が多くを占めている(図2-3abc)。

子どもを産めない

マタハラという言葉が知られるようになったが、前述の今野さんのケースのように女性の多い職場である保育の現場では、人手不足から一般企業よりも妊婦に厳しい環境となっている。

「同世代の女性が次々と辞めていき、ふと気がつけば、三〇代は私ひとりしかいない」

京都市内の社会福祉法人の保育所で働く佐藤美智子さん(仮名、三二歳)は、結婚する前から

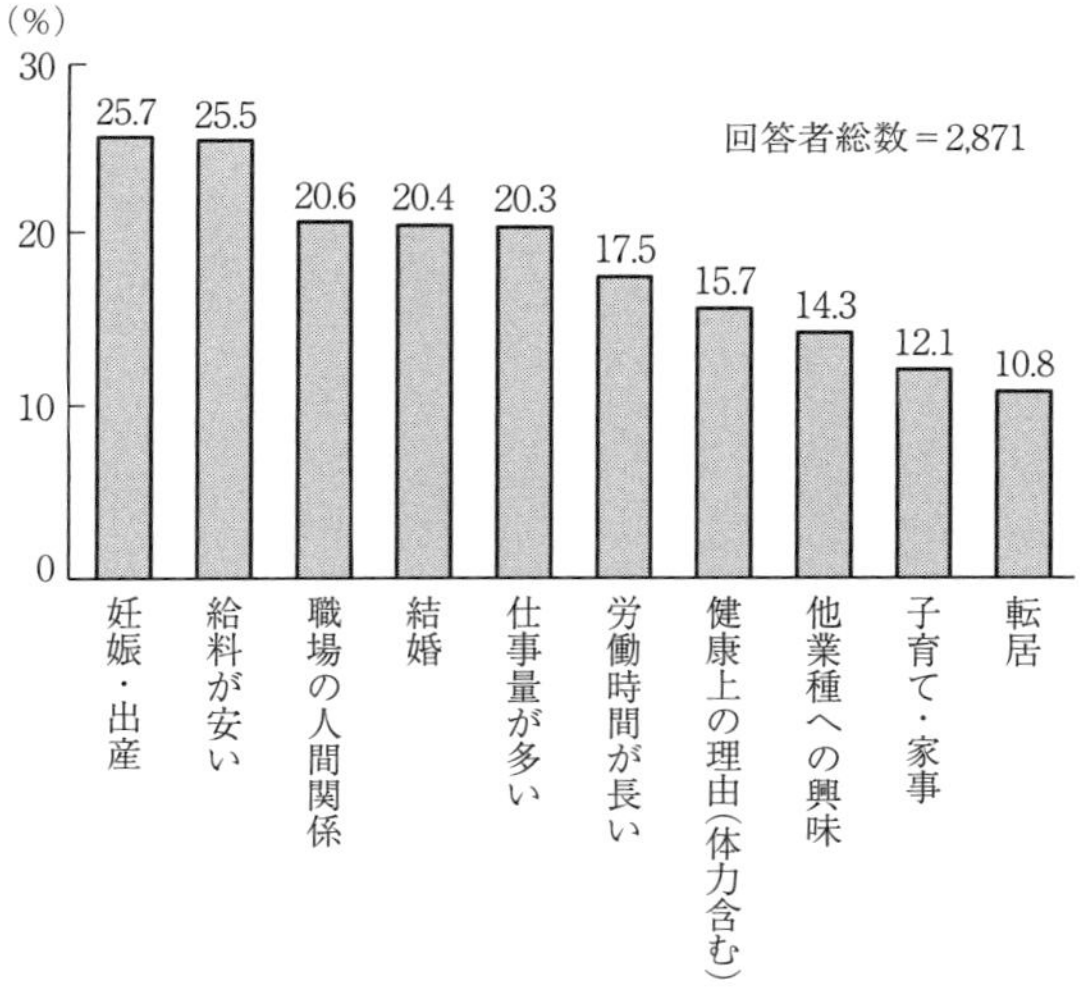

図 2-4　退職理由(複数回答)

(注) 回答の多かった上位 10 項目のみを掲載.（出所）図 2-1 に同じ

「妊娠するな」と暗に圧力をかけられている。

正職員の負担が重く、皆、結婚や出産を口実にして辞めていく。気がつけば、三〇代は佐藤さんひとり。佐藤さんの上は四二歳の先輩で一〇歳も離れている。

正職員を募集しても応募がなく、非常勤しか採用できない。いったん辞めた人は二度と戻りたくないと保育士を辞めたまま。戻ったとしても非常勤でしか働かないという人が周囲に多い。先輩の保育士には子どもが三人いたが、末っ子が病気で入院しても正職員である以上は子の看護のために休みを取ることができなかった。仕事は好きだけれど、自分の子どもがしんどい時に一緒にいられないことに矛盾を感じた先輩保育士は退職した。

佐藤さんにとって、今最大の問題はマタハラだ。二年ほど前、佐藤さんが事務所でパソコンに向かっていると、主任が突然、「なー、佐藤さん、仕事に生きるか結婚かどっちかにしぃ」と、まだ結婚していない佐藤さんに話しかけた。

二〇代の保育士が前年度の終わり頃に結婚した。その後輩は「子どもが欲しいと思っているため、次年度の担任を外してもらいたい」と上司に申し出ていたが、担任が一人しか配置されない三歳児クラスにつかされた。彼女が園長に「もし妊娠して途中で担任が交代になっても大丈夫ですか」と尋ねると、園長から「今のうちの人員体制はこうだから、妊娠する時期を考えて欲しい」と告げられ、ぽろぽろと泣いていた。

後輩は、それからというもの、思い悩んでしまい、保育をしていても心ここにあらず。保育者が保育を楽しんでいなければ、子どもが楽しいはずがない。子どもたちの表情もさえない。その様子を見て主任が注意することが増えた。そんな状態が半年も続いた。心配した佐藤さんが話を聞くと、こう打ち明けていた。

「子どもを作る時期について夫と喧嘩になり、子どもを作ろうという気分にならなくなってしまった」

佐藤さんは「園長に従って産まないでいいの？　そこまでしてこの保育園にしがみつく理由があるの？　自分の人生、保育園に決められるものではない」と諭し、もうすぐ結婚の予定がある自分にも言い聞かせていた。来年は年長クラスの担当になる予定で責任重大だ。

もし自分に子どもができたらどうなるのか――。

周囲を見渡せば、切迫流産や切迫早産、妊娠高血圧症候群などの妊娠異常を起こして、産前休業に入る前に勤務できなくなっている保育士が多い。職場でも、何度も流産している人もいるため、子どもを授かってからのことを考えるだけでも不安だ。

保育士に多い〝職場流産〟

実際、流産を経験する保育士は少なくない。全国労働組合総連合（全労連）女性部が二〇一一年に行った「妊娠・出産・育児に関する実態調査報告」では、回答数の多い順に、一般事務職（八二五人）、教職員（五六一人）、看護師（四九九人）、保育士（一三七人）など職種別の状況もまとめられている。各職種の回答数が限られてはいるが、保育士について見てみたい。同調査では、過去の流産の経験について回数を尋ねており、流産の経験がある割合の合計が正職員で二八・三％、非正職員で三三・三％と、三人に一人に上る。単純比較はできないが、一般的な流産率は約一五％であることから、保育士の流産が多いことがうかがえるが、筆者は、マタハラの最悪のケースが〝職場流産〟だと問題視している。

東海地方の民間の認可保育所で働く、佐藤理恵さん（仮名、二七歳）は、妊娠一二週で流産してしまった。佐藤さんは、一歳児クラスの担任をしていたが、夏に、妊娠が分かっても、年度途中では急に担任を降りることはできなかった。ちょっと気を抜けば飛んだり跳ねたり、箱やおもちゃ、テーブルの上に登ってしまう園児を追いかけるのは妊婦には辛かった。しかし、保育所には保育補助者は雇われていないため、佐藤さんに代わる人がいないことで業務の軽減もされなかった。つわりが酷く、遅刻をすると、上司にあたる主任からは「なぜ、計画的に妊娠しなかったのか」と責められた。

妊娠八週頃からお腹が強く張ることが増え、たまに子宮から出血することもあり、「せめて人手が少ない時間帯の早番や遅番を誰かに代わってもらえないか」と主任に相談しようと考えたが、すぐに「無理だろう。皆に迷惑がかかってしまう」と思い直し、諦めた。

クラスの中には、抱っこしてあげないとすぐに泣いてしまう園児がいて、佐藤さんに甘えることが多かった。妊娠したからといって、急に抱っこしなくなれば、その子が傷つくだろうと佐藤さんは、自分のお腹の中の小さな命が気にはなったが、変わらず抱っこして元気づけてあげたが、そのたびにズキズキと下腹部が痛んだ。

そして恒常的な長時間労働の日が続く。「お腹の赤ちゃんのためにも、早く帰って横になりたい」と思っても、業務に追われ、毎日三時間は残業をしていた。常にお腹はカチカチに固まって張っている状態だったが、出血がおさまったことで少し安心していると、ある日、激痛とともに大量の出血が始まり、新たな命を失ってしまった。

「もっと勇気を出して、休ませてもらえば良かった」と、後悔している。

働き方と妊娠異常についての詳細は、『ルポ　職場流産』（岩波書店、二〇一一年）に記しており、就労妊婦と非就労妊婦との間の流産率には統計的な有意差があることが分かっている。大阪府松原市にある阪南中央病院が健診に訪れた妊婦全員について調べたところ、就労妊婦の流産率は一五・三％で非就労妊婦と比べ四・五ポイント高い。

帝京大学医学部衛生学公衆衛生学教室の野村恭子准教授は、長時間労働と妊娠異常の関係について研究を行っている。野村准教授の調査は、二〇〇九年から一一年に医大を卒業した女性医師九三九人のデータを解析している。

同調査は、過去を振り返って回答を得たものとなるが、一人目を妊娠した九三九人のうち一五％が切迫流産を経験し、一二％が早産を経験していた。さらに、こうした分娩異常を経験した妊婦の労働時間の中央値は全体で週五八時間、切迫流産で六三時間、早産で六二時間となり、「なかった」場合の週五〇時間と比べて有意に高かった。

切迫流産の発生率は、週四〇時間以下の人と比べ七一時間以上で三・一七倍と母親の年齢、世帯収入、診療科目などを調整しても有意に高くなった。早産については、五一時間から七〇時間で二・四六倍、七一時間以上で四・一九倍、という結果が統計学的に有意に出ており、労働時間が長いほど、妊娠異常が起こる率が高まることが分かった。この調査結果についての論文は、国内の医学界雑誌より格付けの高いとされる国際学術誌『BMC Pregnancy & Childbirth』(二〇一四年六月)にも掲載され、信頼性の高いものと言える。

野村准教授は「公表していないデータにおいて週当たり労働時間が五二時間を超えると明らかに妊娠異常が多くなるため、法定労働時間である四〇時間を守るべきだ。労働基準法では、産後休業は必ずとるようにされている一方で、産前休業は申請制のため休業取得が徹底されない。労働時間が多いほど早産も多くなることから、産前休業の取得も義務化にすべきではないか」と提案している。

前述の全労連の調査では、「時間外労働の免除」について、正職員の回答は「免除できることを知らなかった」(二四・五%)、「多忙・代替者がいない等職場の事情で請求しなかった」(二二・二%)が上位についており、妊婦が長時間労働を続けている背景が分かる。人員体制がギリギリで、妊婦が一人でもいて業務の配慮をすると現場が回らないのだ。

こうした状況について、前出の福祉保育労の澤村書記長は、「職場には、もはや結婚という言葉を口にしただけでも働き続けられない雰囲気さえある。今の六〇代以上の保育士が結婚・子育てをしながら働いていた当時は正職員が八割以上いたため、一人抜けても助け合えた。今は、急激な保育士の非正規雇用化、定員の弾力化、長時間労働で一人当たりの負担が増している。保育士は二〇~三〇代が六割を占める若者の職場となっており、出産や子育てを機に辞める女性が増えて、極端に中堅層が少なくなる状態だ。これでは、保護者にとっても同じ世代の子育て世代として共感し合える保育士がいないことになり、安心感が乏しくなるのではないか」と警鐘を鳴らす。

恐ろしくて働けない

良い保育ができるかどうか。保育士にとって、大事な労働条件のひとつでもあるだろう。その点、保育士から見てもずさんな保育をしている保育所が多く、身の危険を察知して遠ざかる経験をもつ人も少なくない。

子育てがひと段落してパートの保育士として働く、福田直子さん(仮名、五〇代)は、今まで複数の保育所でパート勤務をした経験があるが、「恐ろしくて働き続けられなかった」という保育所が都内にいくつもあるという。

ある公立保育所では、まだ手づかみで食べることの多い二歳の子に担任の保育士が「手で食べてんじゃねーよー!」と、その子の手を強く振り払っていた。その保育士は、園長に対して幼児クラスへの持ち上がりを訴えていたが、園長は「私がここにいる限り、あなたが持ち上がることはありません」と断言したという。それというのも、〇〜二歳児であれば担任が四人のため、こうした保育士が一人いてもまだ他の三人でカバーできるが、三〜五歳児は担任が二人しかいないため、いやな保育士とペアになる他の担任が苦労し、子どもにとっても先生の影響が大きすぎるという配慮からだった。

ある認可外保育所で働いた時は、「〇歳児を入れるとお金になるから」と、〇歳児を積極的に受け入れていたが、「手がかかるから、寝させておけばいい」という考えだった。保育時間、午前中も寝かせ、昼になるとまた寝かせようとする。当然、子どもは起きたばかりで眠れない。すると保育士が座って膝を立て、足と足の間に赤ちゃんを挟み、動かないようにしてトントントントンとたたいて無理やり寝かしつけていた。

そこは夫婦で経営している小規模保育所だった。若い保育士が辞めようとした時、経営者は「ここ辞めてキャバクラに行くの？　あんたみたいな子は、どこに行ったって働けないよ」と脅していた。福田さんは「こんなの保育ではない」とすぐに辞めた。このような保育所でも、その数年後、認可外保育所から東京都の認証保育所として認められていた。

他の認可外保育所の面接で、福田さんが自分の子が熱を出したらどうしたらいいかと園長に尋ねた時には、「だったら、ここに連れてきて、そこらへんに寝かしておけばいい」と言った。面接は通ったが、「ここは酷い保育園だ」と思って辞退した。

自宅近辺で働こうと、電話帳を見ながら応募した保育所では、午前中だけパート勤務をしていたが、福田さんが辞めた後で園児が窒息死する事件を起こしていた。保育所の経営者は保育所の「保育」は未経験だった。専門としての「保育」が分かっていないため、朝、子どもたちが登園してもダラダラと過ごし、食事の時間がくれば「はい、みんなー、ごはんー」という調子だった。食事もお昼寝も六畳一間のマンションの一室で行われていた。そこに異年齢の子どもたちが集められ、ドアを閉めて経営者は別室で自分の時間を過ごしていた。保育士の勤務終了時間がくれば「先生たち、帰っていいよー」と、保育士を帰して、自身が子どもたちを見ていた。備品は綺麗なものばかりで、一見、きちんとした保育所のようだったが、福田さんは

「この保育園は怖い」と察して辞めた。園児が窒息死したのは、その後すぐのことだった。事件後に閉園となったが、そうした保育所が電話帳にも公然として掲載されていたことを思い出すと身震いした。

看護師からみた保育所

保育業界のなかからは気づかない、他から入った保育士以外の職種から見えてくるものもある。

都内で株式会社がチェーン展開する保育所で働く看護師の小島明子さん(仮名、五〇代)は、「子どもに寄り添うということがまるで分かっていない」と、愕然としている。

保育所には看護師が一人配置されることが多く、小島さんもその一人だ。もとは、病院勤務だった。転職した保育所で仕事が始まってまず驚いたのは、保育士の服装だった。看護の現場では、「技術、態度、そして身だしなみを大切に」と教えてきた。髪はまとめ、清潔感があるようにと厳しく指導していたが、勤務先の保育士は茶髪に付けまつ毛、だぼだぼとしたジャージ姿だった。看護師は園内では孤独な存在。注意しても、若い保育士が聞く耳を持たなかった。

乳児が四人以上いる保育所では看護師か保健師が一人までを保育士一人と換算されて補助金

が出る。一般的に保育所で働く看護師は、園全体の健康状態を見つつ、〇歳児クラスに担任のひとりとして配置されることが多い。小島さんは保育所は初めての勤務だったが、人手が不足しているためクラス担任を受け持たされた。

就業時間は九時から一八時までだが、人件費削減で用務員がいないため看護師の小島さんが八時には出勤してトイレ掃除をしなければならない。てきぱきと掃除をしながら、「早くクラスに入らなくては！」と焦る。〇歳児クラスには他に保育士が三人配置されているが、時差出勤するため朝の保育士は二人。登園ラッシュの八時三〇分に九人の赤ちゃんがやってくるため、受け入れ時に人手が足りない。〇歳児クラスには、その保育所で唯一の四〇代の保育士がいたが、〇歳の保育経験はなく、全員が不慣れだった。小島さんは毎日、朝から赤ちゃんを預かり、オムツ交換に明け暮れ、泣く子をおんぶに抱っこ。その間に園内で熱を出す子がいれば保護者に電話をかけて病状を説明してお迎えを頼む。昼頃にようやくひと段落して、各クラスを回って全体の様子を見ることができる。休憩する時間も部屋もない。

慌ただしいなかで、保育士の動きが気になった。看護師の場合は新卒で就職すると、新人ナースには必ず先輩ナースがついて指導するという病院が増えている。病院として皆で新人を育てようという取り組みで、小島さんには「もし新人が、仕事が分からないという理由で辞めるというなら、指導する側に問題がある」という思いがあったが、少なくともこの保育所では、そのような取り組みはされていない。

「人(保育士)を育てるということがまったくなされていない。研修といっても、リズム体操や絵本の選び方についてで、一年目や二年目の保育士がどう育つかという研修がない」と、小島さんは話し、「職場に教育システムがないために、新人が入っても、求められるスキルやその段階での到達目標が設定も共有もされていないから、新人保育士がテキパキできないと「要領が悪い」といじめの対象になっている」と危惧している。

クラスのリーダー保育士は二〇代半ばで、リーダー職がなんであるかも教えられずに抜擢され、とにかく時間内に仕事をこなすことが目標となっていたため、新人いじめの張本人となっていた。いじめの対象となった新人保育士は、要領は悪いが素直で子どもたち一人ひとりのペースに合わせた優しい保育をしているが、リーダーは、「ちょっと、遅い! 何やってんのよ」と、大声で怒ってばかりで、後輩はただ怒られるだけで何も教わっていない。「職員の間でも、あの子(新人保育士)は仕事が遅い、どんくさい」という評価になってしまった。見かねた小島さんがリーダーに「どう仕事ができないのか」と聞くと、掃除の速さや食事の用意などの手順について批判した。

小島さんは「ああ、この保育士たちにとって仕事ができる、できないというのは、保育の質ではなく、段取りのことなのか。ダメダメと言われてばかりで振り返りもなくては、本人が自分のどこが悪いかも分からない。これでは、自分が相手から信頼されている、期待されている、だから良い仕事をしようと思う気持ちが育たないまま、潰れてしまう」と危惧している。

四月に入社して五月に辞めた保育士がいた。熱意のある新人だったが、やはり、仕事が遅いとダメな保育士の烙印を押されて辞めてしまった。系列の園では、一〜二週間、音信不通になって辞めてしまう保育士が何人もいるという。社内では「またか」という慣れきった状態になっている。

リーダーや周りの保育士は、子どもたちにもきつく、小島さんから見て、まるで温かみのある保育は実践できていなかった。保育所では、一人ひとりに寄り添う保育という理念は掲げてはいるが、保育士がその意味を分かっていないため絵空事になっている。

「保育の質を上げるなら、保育士をどう育てるか真剣に取り組まなければならないのではないか。人間は教えられたようにしか育たない」

そう思うと、子どもたちのために、保育士を育て、人を大事にすることを学ぶカリキュラムが実践の場で必要だと、小島さんは痛感している。

公立の保育士まで非正規化

公立保育所の運営が自治体の一般財源から支出されていることから、予算の厳しい自治体では、公立保育所でも保育士の非正規雇用化が拡大している。公立保育所の非正職員は、地方公務員法によって、通常は一年以内が任期の非常勤職員や、六か月以内が任期の臨時的任用職員(臨時職員)が定義されている。

兵庫県内の海沿いのある地域では、公立保育所で臨時・非常勤職員が六割を超え、正職員と同じ責任で働いている。ある公立保育所の保育士から話を聞くと、〇歳児クラスは正職員が二人と臨時職員が二人で担任を受け持ち、二、三歳児クラスは正職員一人に臨時職員が加わる配置となっているという。クラス担任が臨時・非常勤職員だけの場合もあるという。

非正規でも会議にも出て、当番もこなす。月案、週案もすべて同じ仕事をする。日給は八一八〇円。ボーナスが夏と冬で二十数万円。年収で見ると、正職員の約五〇〇万円に比べ臨時職員は約二〇〇万円だが、それでも、「民間が酷すぎて、公立の非正規ならマシ」と、我慢強く働いているという。労働組合が強く、休憩もとれ、時間に帰れて年休もとれるため、むしろ「もっと何か仕事することありませんか」と申し出るくらいだそうだ。

二歳児クラスから三歳児クラスに持ち上がるのが臨時職員だけで、一緒に組んだ新人の正職員を教えている。それでもリーダー役は、正職員である新人となる。臨時職員がいなければ回らないが、表向きは、新人の正職員は別のクラスの正職員が教えていることになっているという。

全日本自治団体労働組合（自治労）の「自治体臨時・非常勤等職員の賃金・労働条件制度調査結果報告」（二〇一二年度）では、加盟労働組合のある全国の一三四九自治体に調査し八四五自治体の回答を得て、臨時・非常勤職員の状況をまとめている。同調査によれば、保育士の五二・九％が臨時・非常勤職員となっており、雇い入れ時の時給は九二五円と、高卒初任給相当の賃金を下回っているとしている。月給についても、四五・三％が一四万円以上一六万円未満と低く、昇給制度はないと七七％が答えており、そうした非正職員の保育士が現場を支える矛盾だらけの職場と化している。

非常勤は保護者と話すな

東京自治体労働組合総連合（東京自治労連）と明星大学垣内国光研究室が行った「公立保育園で働く非正規職員調査報告」では、二〇一三年に東京都内三二自治体から回答を得ており、公立保育所の非正職員比率は四四・七％という結果となっている。非正職員率が五〇％を超える区市町村は一二自治体、六〇％を超えるケースは四自治体あった。年齢としては、五〇代が最も多い三二・三％を占め、次いで六〇歳以上が二六・四％だった。働きやすい職場のための要望の第一は、「園児のことなどもっと情報を教えてほしい」（四二・三％）、二位は「正職員と仕事について話し合う機会がほしい」（三三・〇％）なのだが、「もっと子どもに関わらせてほしい」（七・八％）も見逃せない。なぜなら今、非正職員で保育にあたるベテランが増えているなかで、やりがいを感じることなく、ただ雑用だけを押しつけられて現場を離れる例が少なくないからだ。

都市部に住む富永雅子さん（仮名、六九歳）は、専業主婦だったが、数年前までは一五～一八時の時間帯で公立保育所で保育補助として働いていた。時給一二〇〇円の非常勤職員だ。子どもが大好きな富永さんは、保育の仕事が好きだったが、保護者と挨拶しかできないような働き方に嫌気が差して辞めた。

四〇代の頃から保育補助の仕事をしようと役所に登録し、仕事があると都度、連絡がきて現場をまわった。手が足りない保育所に派遣されるため、終業時刻一分前でも「あれして、これしてと、次々に用を頼まれた」。非常勤職員は動きっぱなし。子どもが好きで保育の仕事をしようと思っていたが、〇歳児クラスでは掃除ばかり。哺乳瓶の消毒、掃除、洗濯。一日二回は畳を拭く。膝をついての拭き掃除が多く、すぐに足腰が痛くなった。おもちゃは毎日消毒する。可愛い赤ちゃんに触れられるのはオムツ替えの時だけだった。若い保育士は目上の人への礼儀もなく、六五歳で辞めようと決めていた。

辞める数年前から有資格者の非常勤職員が増えた。資格がない非常勤職員は三時間勤務。資格があると五〜六時間の勤務とされ、非常勤職員同士の間に亀裂が入るようになった。「私は有資格者よ！」という雰囲気で、冨永さんら無資格者とのチームワークが崩れた。延長保育が夜遅くまである保育所では正職員が腰を痛めていったん辞めて非常勤職員に転換していた。

冨永さんはずっと夕方の勤務をしていた。〇歳児クラスに入ることが多かったが、保護者がお迎えにくると非常勤職員が対応してはいけないことになっていた。ある日、保護者がお迎えに来て冨永さんと立ち話をし、母親が「この子、この頃、噛むんですよ」と話し始めたため、軽い気持ちで「あ、今日もやったみたい」と答えると、大騒動になってしまった。すぐさま園長に呼び出され、「噛んだ方の親に言うのは大問題だ」と注意を受けた。夕方の勤務の三時間の間に四回も保育士らから「ダメよ、言っちゃ！」と注意し続けられたが、誰ひとりとして、噛んだ側のことを言ってはいけない理由を説明してはくれない。冨永さんは「とにかくダメ！」としか言われなかった。もっと親にオープンにしてもいいものではないかと考えてきたが、いまだになぜ言ってはいけなかったのか分からずじまいで、悶々としている。

それ以降、冨永さんは「親と話さないほうがいい、うかつなことは言えない」と、保育所では、担任の保育士から言われたことだけに「はい」としか言えなくなった。保護者にかける言葉は「おはようございます」「いってらっしゃい」「おかえりなさい」だけ。あっち向いてもこっち向いても「はい」のみしか言わず、口をつぐむようになった。

じっと黙って保育士と子どもたちの様子を見ていると、本当に黙っていてもいいのかと迷う時も多かった。二歳児クラスを補助した時、昼寝が終わって子どもたちの布団をたたんでいると、先生が押入れの前に立っている。眠くてまだぼーっとしている子が時間になるとたたき起こされ、可哀想で涙が出てしまった。保育士は、この人、本当に子どもが好きで保育士になったのかと思うくらい、子どもにかける言葉も粗雑だった。

子どもが一生懸命に遊びに集中していた時、そばでじーっと見守っていたら、若手の担任から「もっと子どもとかかわってください」と怒られた。保育所では、保育士も子どもも、やることがいっぱい。イベントがあれば、子どもは楽しそうだが、バタバタとせわしない。ぼんやりする場所がなくしんどそうだ。冨永さんは「イベント続きの生活では、どうかと思う。自由保育の時間がもっとあってもいいのでは？」と、疑問を持ち始めた。

保育所の外で親と一緒にいると、まるで顔つきが違って甘える子が、保育所では緊張していてしゃきっとさせられている。「鍛えることはいいだろうが、こんなに緊張したまま長時間保育園で過ごすのは大変だろう」と思った。そう思っていたのは冨永さんだけではなかった。非常勤同士が集まってお茶会をしたら、堰を切ったように、皆が同じことを話し始めた。冨永さんは六五歳で予定通り、保育補助を辞めた。

複雑化するシフト

比較的守られていると思われる公立保育所の正職員でも、労働環境は年々厳しくなっている。親の働き方が厳しく長時間労働が余儀なくされるなかで、延長保育は必然的に広がっている。

厚労省の「社会福祉施設等調査報告」から、開所時間別保育所の割合を一九九八年と二〇一二年で比べると、「一一～一二時間」は二六・五％から六三・四％まで増加し、「一二時間超」は、同二・一％から一二・二％に増えている（図2-5）。

開所時間が長くなれば長くなるほどシフトが複雑になり、保育士の生活時間にも影響をきた

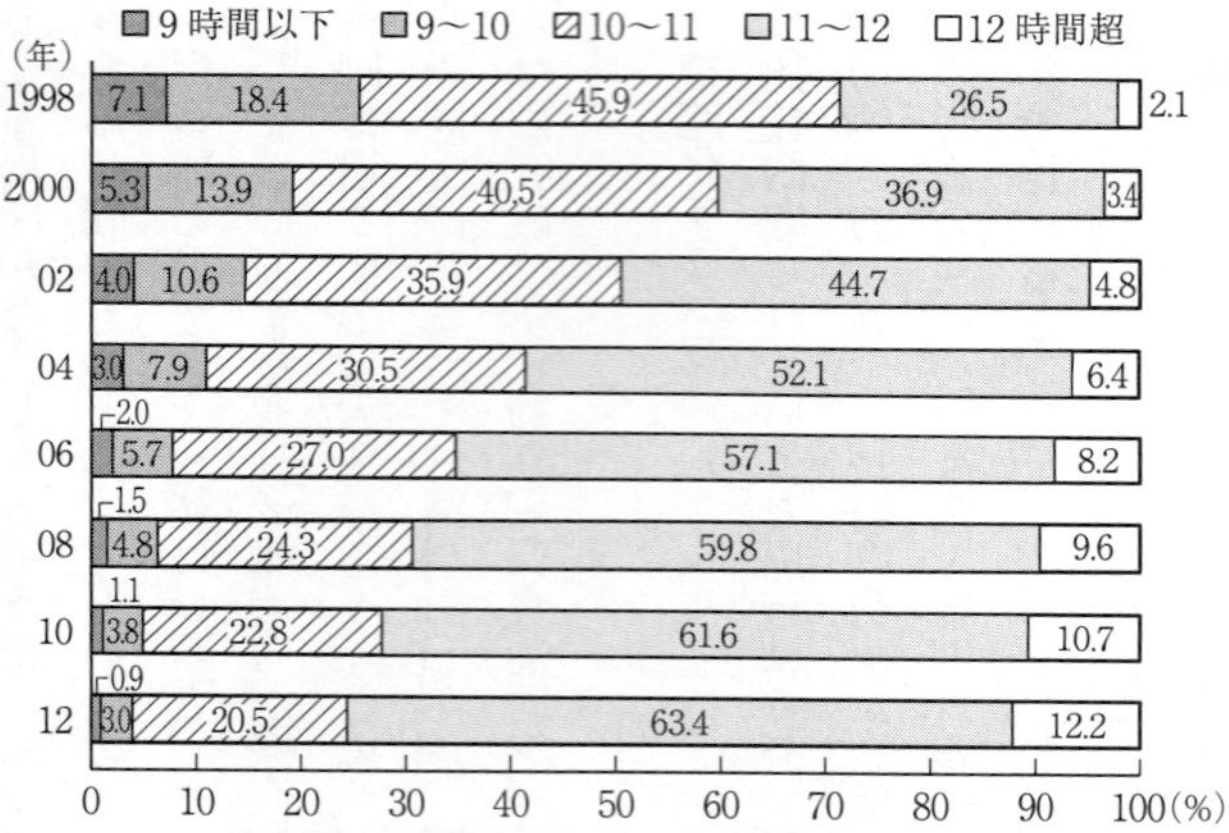

図 2-5　開所時間別保育所数の割合(延長保育の有無の推移)

(資料) 各年版「社会福祉施設等調査報告」(厚生労働省)より作成．なお，2012 年版同調査は，政府の市場化テスト方針のもとで作業が民間委託され，回収率が下がり全数調査といえなくなっている．

(出所) 全国保育団体連絡会・保育研究所編『保育白書 2014 年版』(ちいさいなかま社，2014 年)

す問題が起こっている。

調布市の公立保育所で働く中根雄一さん(仮名、四〇代)は、「とにかくシフトが多い」と話す。二〇年ほど前に入職した頃は、黒板に「いつ休みたい」と書けば、その通りに休める雰囲気があったという。その頃は早番と延長のシフトしかイレギュラーがなかったからだ。長時間の預かりが増えてくると、シフトが複雑になっていった。

中根さんの務め先では今では、早番にも三つある。早番Aは開所から受け入れを担当し、朝七時からの出勤。早番Bは朝七時三〇分からで、早番Cは八時から。それぞれ一人ずつシフトに入り、八時になると乳児と幼児を分けて保育に当たる。そして普通番は八時三〇分から一七時一五分まで。遅番は〇歳担当が一人、一～二歳担当が一人、幼児が一人で一八時一五分まで。一九時までの延長保育のシフトは一〇時三〇分に出勤となる。中根さんは職場と自宅が遠く、早番の日は朝五時三〇分に家を出なければならない。延長保育に入ると帰宅するのは二一時近くになることも。

シフトが多いことで休みを取りづらくなってしまう。誰かが早番や遅番に入っていれば、代わってもらえないため休めない。行事がある日は、もちろん休めない。有給休暇は年に二〇日あるが、すべて使えず翌年に繰り越している。シフトの交代は個人交渉となるが、誰も空いていなくて、代わることもままならないこともある。

民間の保育所と変わらず、公立でも残業が多い。決まって行われる月三時間の会議は残業として認められ、その他、園内研修、保護者との面談、行事がある時の時間外労働も残業としてきちんと申請できるが、おたより作り、制作の準備、誕生日カード作りなど、持ち帰ってできるものは自宅で仕事をすることが多い。早番でも一九時まで残り、一九時一五分に鍵を閉めて帰ることもある。

筆者が取材した日、中根さんは休憩をとらず保育参観をしていて指導食として子どもたちと一緒に昼食をとっていた。一二時三〇分から寝かしつけ、その後は保護者面談に入り、一三時三〇分から一四時までは打ち合わせ。一四時から一五時はアレルギーのある子の親と面談があるなど、息つく暇もない毎日が過ぎていく。

十分な人員配置がないなかで保育時間が長くなればなるほど、シフトは複雑化して休みづらくなっていき、職員への負荷が高まってしまう。

自治労本部の社会福祉評議会保育部会の徳田武史副部会長は「マニュアルがあるから経験がなくても問題ないという保育園があるが、子どもは教科書通りに動いてはくれない。それにくわえて、保育士は子どもだけでなく親も育てていく職業で、経験がものをいう場面は多い。いろいろな先輩と後輩がいる多様な保育観があるなかで保育士として成長していくことが重要だ。そのためにも、長く勤められる労働条件や労働環境がなければならない。子どもの命を守るには豊かな経験が不可欠だ」と話す。

園長にとっても〝悲惨な職場〟

処遇が悪化しているのは、現場の保育士だけではない。施設長として多くの職員を束ねる園長の責任は重大だ。もともと、公立保育所の園長でも、自治体のなかでは課長より下の扱いであることが多い。全国の地方議員のなかからは「園長は正職員、パート、派遣などひとつの園で六〇人は部下がいるのに係長に留まっており、権限が限られ、意思決定する会議に出ることができない。幼稚園はスタッフが五人程度でも課長。保育が福祉職で冷遇されている。これでは見張り役というだけの意味しかない」と問題視する声が挙がっているくらいだ。その園長という立場も民間保育所のなかでは、さらに厳しいものとなっている。

公立保育所を定年退職した西尾恵美さん(仮名、六〇代)は、業界大手のひとつである株式会社が運営する保育所の園長になり、心安まらない日々を送っている。

「保育の現場を知らない社長が、時流に乗ろうといわんばかりに急拡大して、保育園の数は増えるが、職員が追いつかない」と、闘いと葛藤の毎日だ。

同じ系列で四月に新設される保育所が三月一五日に保護者との面談を行う予定でいたが、園長も担任も決まっていない状態で、西尾さんや他の保育士が駆り出され、二交代で保護者との入園前の面接をこなした。その時に見かけた保育士が数日後にいなくなり、一週間も経たないうちに急に他の系列保育所の園長になっていた。

西尾さんが所属する保育所では、保育士などの社員は本社が一括採用して、各保育所に配属しているが、西尾さんは「保育士の資格さえあれば誰でもいいのか」と疑った。ここでは若手だけでなく、高年齢の保育士の問題が起こった。六〇歳の保育士Aさんが異動してきたが、現場経験が少なく、トラブルばかり起こした。

Aさんは若い保育士と看護師の三人で〇歳児クラスの担任になった。乳児の保育では、自然に眠ることができるよう徐々に集団生活に慣らして生活リズムをつけていくが、Aさんには子どもを寝かしつける技術がない。皆が寝静まったなか、誰かがぎゃーっと泣いてしまうと、「トントン」もせずに、それを放っておくため、隣の子から順々に起きてしまう。クラスの流れが変わってしまい、落ち着く暇がなくなる。

座って食べることができる子どもでも、お気に入りの子であればずっと抱っこするため、食事がなかなか進まない。遊ぶ時間では、好きな子が絵を描きたがっているのに呼び続けて、「あなたまだ一回しかぶーぶーで遊んでないでしょ」と、車のおもちゃのところに連れていく。子どもは無理に連れていかれるため泣いてしまう。Aさんに振り回されるため、子どもは生活リズムがとれなくなってしまった。

一緒に担任をしている若い保育士はストレスで生理が止まり、不眠症になった。結婚の予定があり、子どもが産めなくなることを心配して、辞めると言い出した。西尾さんが、その状況を本社に訴えるとやっと、他の保育所に移してくれた。

秋、社員の来年度の予定を調査し、本社は人繰りを計画する。西尾さんの保育所では、二〇代後半の保育士三人が辞めたいと希望を出した。大学へ行きたい、海外で働きたいという理由だった。

西尾さんは、「本人の人生。自分の道は自分で切り開いたほうがいい」と、留めなかった。これを本社に報告すると、採用担当者がやってきて「どういうことなんですか。うちは数で勝負なんですよ。なぜ引き留めないのか。西尾さんはまともに保育園を運営できない」と激しく叱責し、「責任をとって辞めろ、さもなければ降格だ」と脅した。そして「保育の内容じゃない、数だ」と繰り返したという。

西尾さんは、「公立は波風あっても守られ、働こうと思える。民間はあまりにレベルが違う」と痛感している。待遇ひとつとっても違う。公立保育士の平均月収は約三〇万円だが、私立では約二一万円と差がある(内閣府の資料より)。園長は、保育の内容、親との関係などにも対応し、職員を守ってあげなければならないが、待遇も恵まれない。西尾さんの場合、ボーナスは園長でも五万円しか支給されない。もちろん、退職金も出ない。

「人は人の手で育つ。心が伝わらないと子どもも良いほうに向いていかない。保育士は人の命にかかわる、ある意味で過酷な仕事。職員が、ああ、やって良かったと思える処遇であって欲しい」と切に願っている。

元園長でも時給八五〇円

横浜市内の株式会社が運営する保育所で園長を経験したことのある高野明子さん(仮名、四〇歳)は、現在パートの保育士となり、せっかくの保育技術も活かせないでいる。

現在、八歳と五歳の息子二人を育てている。三二歳で最初の子を出産後、育児休業をとり、二年間は園長として勤務していたが、普通に仕事をしたのでは帰りが遅くなり、子どもが不安定になったため、実家の両親と同居し、実母に一七時には息子のお迎えに行ってもらった。どんなに早く帰ることができたとしても一八時三〇分。その頃は、お迎えラッシュで保護者対応に追われる。子どもの夕食つくり、洗濯など母が一手に引き受けてくれた。自分の子どもと遊んでやり、一緒にご飯を食べて絵本を読んで布団に入りたかったが、それができなかった。

次の出産では、育児休業をとった後は、園長としてではなく、系列の保育所でパートの保育士として復帰することに決めた。園長や正社員である以上、長時間労働は避けられない。園長といっても、月収は二十数万円程度のため、自分の子育てを犠牲にしてまで園長を続けるか疑問を感じた。人事部と待遇について話し合うと、それまで一〇年勤めていたが時給八五〇円からのスタートという。「せめて九〇〇円にならないか」と聞くと「他の人の手前、できない」と、交渉の余地はなかった。

しばらくして転職し、自宅から近くに新しくできる違う会社の保育所の採用試験を受けた。保育所に通う子どもを早くお迎えにいき、小学生の子の宿題を見てやりたいからと、パートで働くことにした。七時から一二時までの週四日勤務。早朝は時給一一〇〇円だが、九時以降は九五〇円という待遇だ。園長を経験していても、時給には反映されず、保育についても完全に補助者の扱いだ。

まだ二〜三年目の気の強い担任の保育士が、怖い雰囲気で「私だと子どもが言うことを聞くんだよね」と話している。強く言って従わせているだけで「自分はできる保育士」と勘違いしているのがよく分かったが、パートの高野さんは、それを注意する立場になかった。今、絵本を読みたくないと思っている子を無理に座らせ、高野さんに向かって「先生、そこに連れてきてください！」と指示する。自分の型に子どもをはめ込みたい保育士。食事も無理強いして「食べないと終わらないよ」と脅していた。

高野さんは、そうした場面をみるたびに「園長が注意しないと。しばらくここで働きたいから、何か言って人間関係が悪くなると困る」と、何も言えないでいた。

保育補助として働いているため、保育内容についてはなおさら口は出せない。ケガをすると保護者や本社に報告しなければならないため、ちょっと転んですりむいても「追いかけっこなんて、しなきゃよかった」と責任のなすりあいが始まる。公園にあるちょっとした段を子どもは上りたくなるのに、「あぶないから乗っちゃダメ」となってしまう。葉っぱで手を切ると、「葉っぱを触っちゃダメ」と禁じてしまう。高野さんは、「もし自分が園長ならこうするのに」という思いでいっぱいだ。しかし、長時間労働が恒常化している保育の世界では、自分の子を育てたければ非正規になるしかなく、高野さんのような人材が埋もれてしまっている。

横浜市で小規模保育所の長浜順一園長（仮名、五〇代後半）は、大ベテランの園長だが、年収は四〇〇万円と薄給だ。九人の乳幼児に対して、保育士はフルタイムの正職員が二人、パートに有資格者一人と無資格者二人の合計五人で保育に当たっている。正職員が園長含め二人しかいないため、一週間おきに早番と遅番を担当している。

もう一人の正職員は二七歳の女性で幼稚園の職務経験はあるが保育所では経験がなく、乳児をみるのは初めて。無資格のパートの保育者は、近所に住む家庭の主婦で子育て経験はあるが、集団の保育の経験はないため、自分の子育て方法がそのまま保育に出てしまうのが長浜園長の悩みだ。

子どもが何かいたずらしたり喧嘩してしまうと、パートの職員は「それはいけないこと」ときつく叱り付ける。長浜園長は「叱るのには良し悪しがある。いたずら、噛み付き、おもちゃを貸せないという、大人の基準ではいけないことでも、子どもは自分を中心にものを見ている。自分が良いと思って自分の感情を出しているため、まず、それを認め、受け止めてあげて、子どもの気持ちに寄り添ってあげないといけない。細やかな対応をしなければいけない」と、月一回のミーティングで教えるが、それを無資格者にまで理解してもらうのがなかなか難しい。

長浜園長は「三〇年、四〇年と勤め続ける保育士がいたとしても、補助金のなかに退職金の分の人件費が考えられていないため、ベテランを雇い続ける時のネックになる。ベテランも燃えつき、心身ともにボロボロになっていき、潜在保育士になってしまう。プロとしての誇りとやりがいを持って保育ができる環境にならなければ職場復帰はできないのではないか。株式会社は保育マニュアルを作って若い人を入れ、数年経って辞めて入れ替わってくれればいいのだろうが、それで保育が成り立つのか」と、大きな疑問を感じている。

保育所の運営費のなかの保育士の人件費は、二〇一四年度で「本俸基準額」で所長(園長)は二五万四九〇〇円、主任保育士で二三万一九四八円、保育士で一九万七二六八円、調理員で一

表 2-1　産業別平均年齢，勤続年数および平均賃金

	平均年齢	勤続年数	所定内給与額
全産業	42.0(歳)	11.9(年)	295.7(千円)
保育士	34.7	7.6	207.4
ホームヘルパー	44.7	5.6	204.3
福祉施設介護職員	38.7	5.5	205.7

(資料) 厚生労働省「2013 年賃金構造基本統計調査」より作成
(出所) 図 2-5 に同じ

六万八一〇〇円となっている。「人件費(年額)」は、所長(園長)で約四六六万円、主任保育士で約四三〇万円、保育士で約三六三万円、調理員で約二九九万円となる。この算定には国家公務員の俸給表が用いられているが、若い層の俸給表が用いられているため、全産業の平均賃金を上回らない原因となっている。厚労省の「賃金構造基本統計調査」によれば、全産業の平均賃金は年二九五万七〇〇〇円で勤続年数が一一・九年であるが、保育士は年二〇七万四〇〇〇円で勤続年数が七・六年となっている(表2-1)。

保育士が辞めるのは、低賃金、長時間労働に加え、良い保育ができなくなることも大きい。バーンアウトして辞めていけば、二度と保育の現場には帰らない可能性が高まる。国と自治体が保育士の働き方や処遇について本気にならなければ、保育士不足はますます加速していくだろう。

第3章

経営は成り立つのか

民間の認可保育所は、主に補助金で運営が賄われるが、賃金の原資である保育所運営費が十分でなく、そもそも、運営費に見積もられている人件費が安いことは以前から問題視されてきた。それにもかかわらず、なぜ、利益を求める株式会社が次々と参入しているのだろうか。待機児童問題を受けて、横浜市の「成功事例」を嚆矢《こうし》にますます民間参入が盛んとなっているが、その際、人件費をどこまで削減できるかが鍵となっている。だが、それで本当に保育所運営が成り立つのか。

補助金なしで運営する認可外の苦しい立場も紹介する。

徹底したコスト削減

第2章にも登場した西尾恵美さんは、別の株式会社が運営する大手チェーンの保育所でも園長を経験したことがあるが、「毎日が闘いだった」と振り返る。法人が大きな利益を出している裏では、徹底したコスト削減が行われていた。

西尾さんが働いていた行政区のなかでは保育運営費の補助金のなかに哺乳瓶やコップなどの備品を購入する分も含まれているため、通常は保育所が用意したものを園児が使うが、その保育所では「使い慣れたものを」と言って、保護者に持参させ、経費を浮かせるよう会社から命じられたという。保育士も弁当を持参することは禁じられ、給食を食べるように強制されて、その料金が給与から天引きされた。西尾さんは「そこまでして金儲けにつなげたいのか」と憤った。しかも、火さえ通っていればいいような、ごった煮。その給食は大人にはとても美味しいとはいえず、醤油でもかけて味をごまかさなければ食べられたものではなかったという。給食は同じグループ企業に委託されていた。

保育士の〝労務管理〟も厳しく行われていた。人手不足の状況でも保育士の配置基準を守らなければならないため、グループ内で保育士があちこちの園に〝研修〟といってはヘルプ（応援)に出されていた。会社のシステムとして、前日の一四時までに人員を要請するとヘルプが来る仕組みとなっており、各園の園児の年齢と出席状況が計算され、欠席の多い園から保育士がヘルプの必要な園に送り出された。

その計算の際、本社の担当者は「昼寝の時間は人がいりませんよね」と言う。保育士の休憩時間などまるで配慮もされなかった。誰かが急に休むと保育士の配置基準が守れなくなるギリギリの状態になってしまう。保育士が足りなくなると、平日の昼間でも異年齢での合同保育をしてごまかすことを余儀なくされた。

「これではただの人数計算の世界。人件費が削られ分刻みで働かされては、ケガをさせないように見ているのが精いっぱい。ここの保育園を経験すると、他のどんな酷いところでも極楽に思える」と、西尾さんは嘆く。

狙われる人件費

認可保育所の運営費は補助金で賄われ、その内訳は、国が二分の一、都道府県が四分の一、市区町村が四分の一となっており、その他、保護者から徴収する保育料で運営されている。本来、保育は労働集約的な業界なため人件費比率が高く、利益が出づらい。ある民間保育所の幹部は、「決算は、実質赤字になっている。初年度は数千万円の寄付があったから成り立った。人件費比率は約七〇%かかり、それでも園長の年収は六〇〇万円に届かない。保育士も新人は月一七万円程度だ。保育士の年収を二六〇万〜三〇〇万円に抑えても、利益が出ない。なぜ株式会社が参入するのか分からない」と疑問を持っている。

独立行政法人福祉医療機構(WAM)によれば、社会福祉法人の保育事業の平均は、二〇一三年度の人件費比率が七二・三%、東京都の調べでも社会福祉法人での人件費比率は一二年度で七七・四%となっている。公立保育所の保育士は正職員でも非正職員でも地方公務員となるため、給与表はその自治体によるが、基本的には一般財源から賃金が賄われる。民間の保育所は園児数などに応じた決まった額の補助金のなかから人件費を賄っているため、利益を残そうと思えば、人件費に手をつけるしかない構造だ。

高齢者の対策という大きな課題があり、財源が限られるなかでは、保育の規制緩和の流れは自治体にとって都合の良い〝麻薬〟のような役割を果たしている。これまで認可保育所は公立のほかは公共性を考え社会福祉法人が運営することとされてきたが、二〇〇〇年に設置主体の規制緩和が行われてからは、株式会社の参入も認められた。今、保育所を増設すれば、いずれ少子化で保育所・保育士あまりの時代がやってくるという考えに立つ自治体にとっては公立保ている。

民間委託は渡りに船だ。実際、コスト削減に躍起になっているため、各自治体は右へならえといわんばかりに民間委託した場合のモデルケースを試算し、委託を進めている。

たとえば、東京都府中市では、「今後の保育行政のあり方に関する基本方針」で、定員一〇〇人規模の認可保育所で、公設公営の場合、市の運営費の負担は年間で一億二二〇〇万円だが、民設民営では六五〇〇万円になると試算している。

一般財源をどう使うかには、その自治体の姿勢が表れる。「チルドレン・ファースト」(子ども優先)だと思う自治体かそうでないのか、保育所の運営方法を見ればそれがうかがえるが、待機児童の多さに、受け入れ先を作ることで精いっぱいの状況だ。

二〇一〇年に「子ども・子育てビジョン」が閣議決定され、五年間の目標として、①認可保育所の定員は二一五万人から二四一万人へ(二六万人増)、②三歳未満児の保育所利用率は二四％(七五万人)から三五％(一〇二万人)へ(二七万人増)、③小学生が放課後に通う学童クラブは八一万人から一一一万人へ(三〇万人増)と、国をあげての利用者増をうたうなか、市場性を感じて参入する民間が相次いでいる。

アンビシャスネットの証券アナリストの松尾範久氏は、「政府が目標とする就業率七三％を二〇二〇年に達成するために各都道府県の充足率を目標となる水準まで施設整備(児童九七万人分の施設新設)が進んだとすれば、保育施設の市場規模は四兆九〇〇〇億円にまで拡大すると見込まれる」としており、後述する保育運営会社の最大手JPホールディングス(JP社)の売り上げは、現在の約一八〇億円から将来的には二〇〇〇億円に拡大する可能性があるとしている。

全体としての株式会社数は、まだ少なく、全体の約二%に過ぎないが、増加幅は大きい。第1章に記したように認可保育所の設置主体を二〇〇七年と二〇一三年で比べると、市町村は一万一六〇三か所から一万三三か所へ減少。一方で、社会福祉法人は一万一六三か所から一万二三三九か所へ、学校法人は一七一か所から五八八か所へ、株式会社は一一八か所から四七四か所へと増えている(表1-1)。

株式会社で保育所の運営に参入している企業の上位は、一位が「アスク保育園」を展開するJP社、二位が「こどもの森」(保育園の名称は主に「こども園」)、三位が「にじいろ保育園」を展開するサクセスホールディングス、四位がピジョン(保育所の名称はそれぞれ異なる)となっている。JP社とサクセスホールディングス、ピジョンは株式を上場しており、決算情報が公開されている。売上も利益も年々、大幅に増加している。

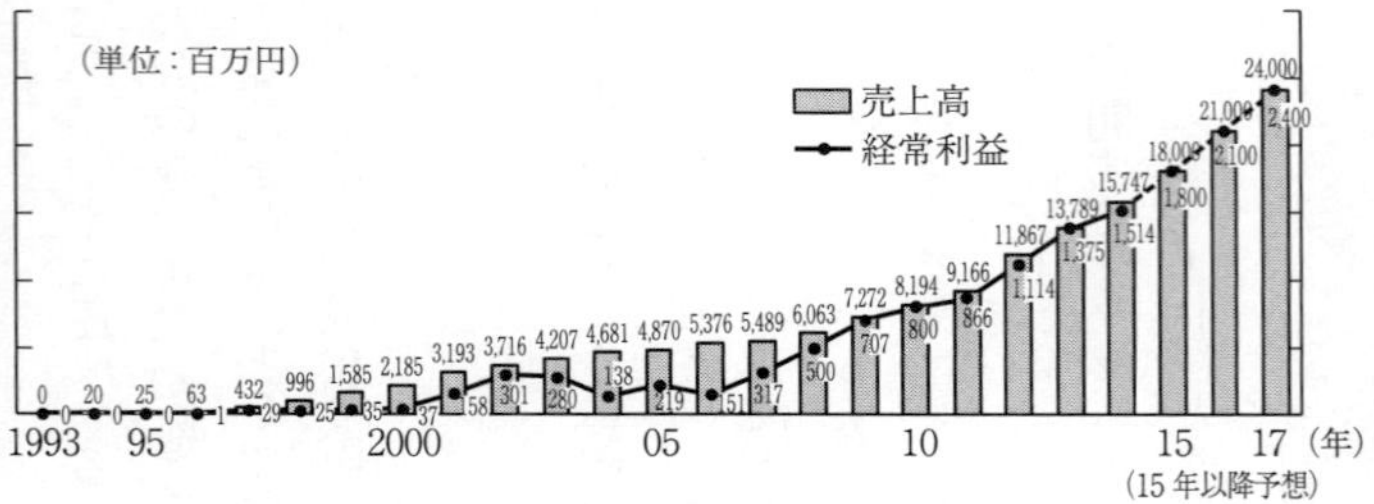

図3-1　株式会社JPホールディングスの業績推移

（注1）1993年3月31日設立のため，1993年3月期は実績なし．
（注2）2002年3月期より，連結実績として表示．
（注3）2015年3月期以降は，計画値．
（注4）すべて数値は3月のもの．
（出所）株式会社JPホールディングス「2015年3月期第3四半期決算説明会資料」

「アスク保育園」を展開するＪＰ社は名古屋市に本社を置き、子会社の指導や管理業務を行っている。連結子会社の日本保育サービスが主に保育所などを運営し、保育所の運営や社会福祉法人の設立についてコンサルタントをしている。ほか、連結子会社には、給食の請負をするジェイキッチン、保育に関する物品を販売するジェイ・プランニング販売、英語や体操・リトミック教室の研修請負をするジェイキャスト、子育て支援事業を行う四国保育サービス、研究・研修やコンサルティングを行う日本保育総合研究所の合計六社があり、子育て支援事業を行っている(二〇一五年三月現在)。

決算を見てみると、右肩上がりだ(図3−1)。連結では二〇一〇年三月期の売上高は八一億九四二七万円、経常利益は八億三三万円。二〇一四年三月期には、売上高は同期比で九二%増の一五七億四七四八万円、経常利益は同八九%増の一五億一四六二万円となっている。二〇一四年三月末で、全国で認可保育所を一三一か所、学童クラブ四三か所、児童館八か所を運営。日本保育サービスに対して、それぞれの子会社が給食や英語の講師を派遣するなどグループ運営がされている。グループの主な売り上げは、保護者の保育料と自治体からの補助金となる。JP社の売上高対経常利益率は約一〇%。前出のWAMによれば社会福祉法人の保育事業について、企業の売上高対経常利益率に相当する「サービス活動収益対経常増減差額比率」は五・二%となっていることから、JP社の利益率は驚くほど高い。

JP社に対し、業績が拡大し利益が出ているポイントについて、保育士の人件費比率や平均勤続年数、平均年齢、正社員・パート・派遣など雇用形態の内訳について取材を申し込んだが、「今回は回答を控えたい」と取材は叶わなかった。二〇一五年二月に社長が交代したばかりでマスコミ全般の取材は控えているとも付け加えられた。

JP社では、二〇一四年時点で、市場規模を約三兆円と見ている。内訳は、認可保育所が約二万三〇〇〇か所×一億円(年間運営費)で約二兆三〇〇〇億円、認可に準じる保育所の約七〇〇〇か所と認可外の約六七〇〇か所で約二〇〇〇億円、八〇万人の潜在需要が一万か所の増設に相当して約一兆円としている(図3-2、図3-3)。

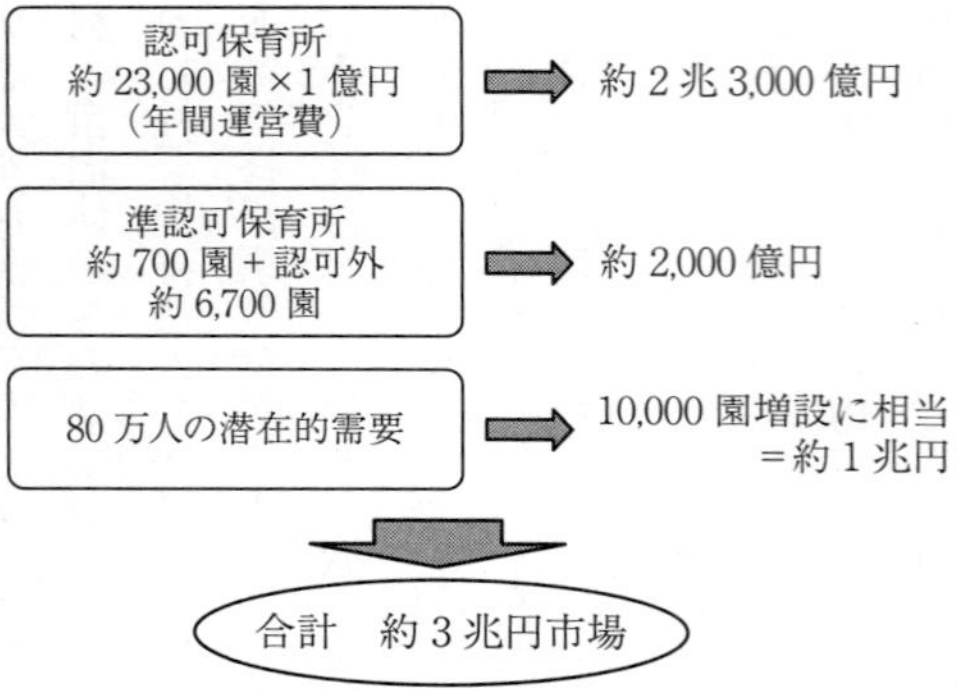

図 3-2　株式会社 JP ホールディングスによる保育市場動向　（資料）図 3-1 に同じ

自治体によっては、株式会社の参入を認めていない地域もある。その対策に、ＪＰ社は、創業者の山口洋社長（二〇一五年二月に退任）が理事長を兼務する社会福祉法人アスクこども育成会を設立し、京都府向日市や愛知県名古屋市北区で保育所を運営し、グループ会社の地域での新たな実績作りを行っている。こども育成会が運営する保育所についても、他の保育所と同様の仕組みで、給食や英語教室、コンサルティング業務なども行い、グループ内での売り上げとなっている。

待機児童の多い首都圏での運営は多く、ＪＰ社から見た「販売」実績は横浜市で二六億四九五〇万円、川崎市で二三億七六九〇万円。両市だけで売り上げの三一・九％を占めている。厚労省の調べでも、全国的に政令都市で株式会社・有限会社が参入して保育所を設置している実績は一桁台だが、横浜市は一五二か所、川崎市が六五か所と群を抜いており、その多くを子会社の日本保育サービスが占めている。

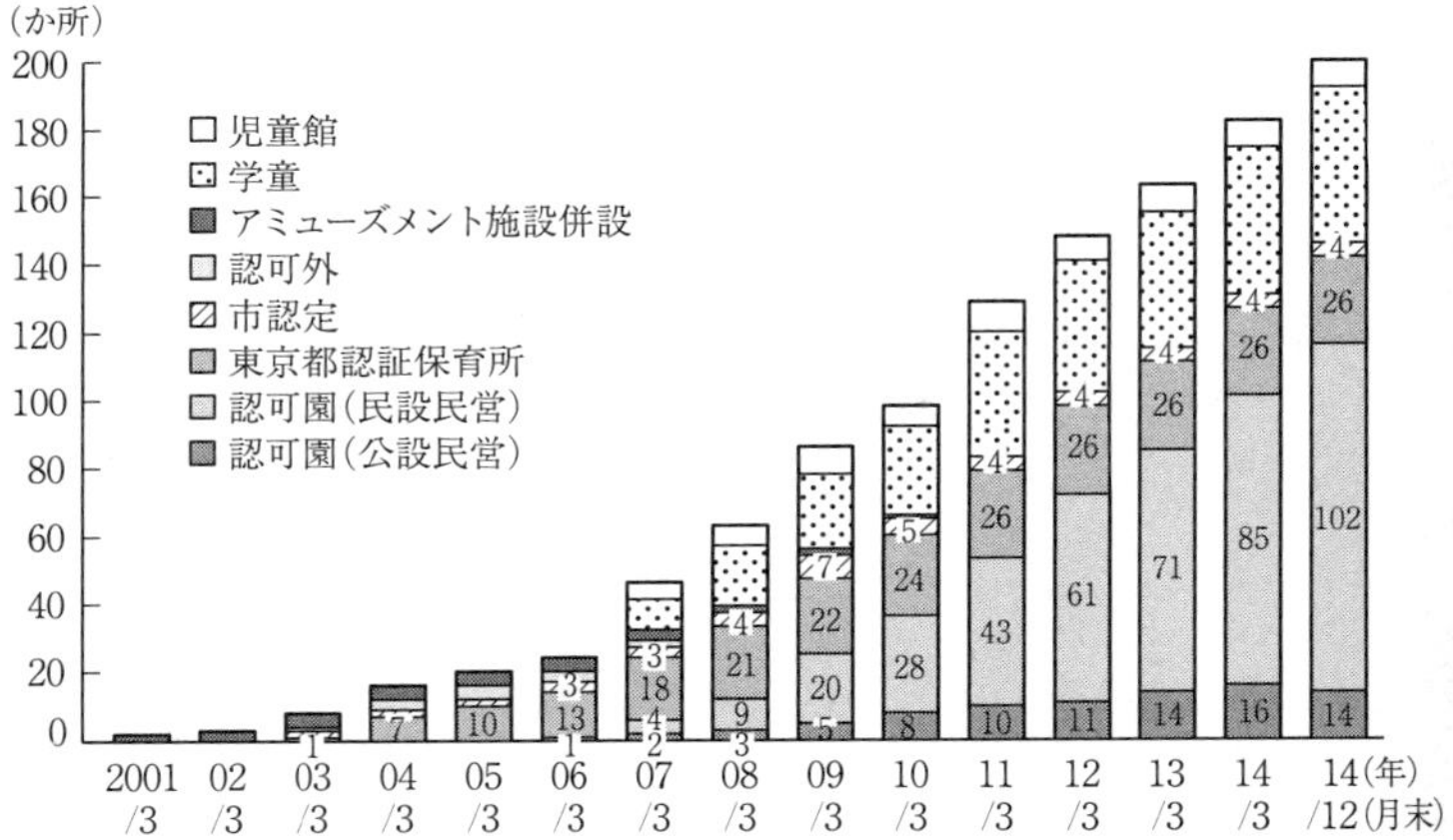

図 3-3　株式会社 JP ホールディングスグループ施設数推移
（資料）図 3-1 に同じ

いかに儲けるか

日本保育サービスなど株式会社の参入が全国一多い横浜市では、ある問題が表面化している。日本共産党の古谷靖彦市議会議員は「保育所の運営費はもともと人件費を十分に出すことができないと問題になっていたにもかかわらず、想定外の使われ方がされている」と、問題視している。そのひとつは、「保育所運営費の弾力運用」を指している。

民間参入が促された背景には、「運営費の弾力化」が解禁されたことがある。二〇〇〇年、小泉純一郎政権の規制緩和の前夜に認められていた。そもそも運営費は、人件費、管理費、事業費に充てられるものだが、厚労省は、①保育所の施設設置や人員配置の最低基準がきちんと確保されていること、②延長保育・一時預かり・低年齢児の受け入れを実施している、③第三者評価の結果を公表している——などを条件に、保育所の運営に支障がない場合に限って、使途を緩和し、中期的な経営のための積立などに充てられるようになった。〇四年に国から保育所運営のため出ていた補助金は地方交付税のなかにまるめられて一般財源化され、〇八年に安心こども基金ができたが、いつ補助金が減らされるかと梯子を外されかねない民間にとっては危機管理をする手段となったものの、それを悪用するケースも考えられるのではないだろうか。

前述の古谷市議は、日本保育サービスが運営費の弾力運用を行い、二〇一〇年度に約一億六〇〇〇万円、一一年度に約一億四七〇〇万円を同社が設置する他の保育所整備のための費用に充てていたことを明らかにした。古谷市議は「公費を使っての私的な資産形成に当たるのではないか」と指摘している。民間の保育所の建設は資産形成になるため、自治体は建設費用の補助はしないことになっている。日本共産党横浜市議団の政務調査員の足立信昭さんは「保育所を一か所作ってしまえば、そこから次の保育所に資金を持ち出すことができ、次から次へと繰り返される。これでは〝現代版錬金術〟で、子どもたちのためのお金が一部の者の利益になっている」と憤る。

また、古谷市議は、保育所側から同社のグループ会社に、給食費、保育材料費、業務委託(調理)、講師料(リトミック・体操・英語・運搬費等)を発注し、その額はひとつの保育所で年間約二七〇〇万円となっていたことも議会で明らかにした。古谷市議は、「横浜市内の保育園から本社に資金が流れてしまっては市に監査する権限がなく、追及できない。そもそも、国が弾力運用を認めていること自体が失政だ」としている。

さらに、古谷市議をはじめとした共産党横浜市議会議員団は、二〇一三年八月に記者発表を行い、市内の民間保育所の決算資料から、株式会社の人件費比率の低さについて問題を提起した。一〇年度(三三二か所)、一一年度(三六一か所)の決算から人件費比率の平均を出すと、一〇年度の株式会社は五三・〇%、社会福祉法人は七一・九%となり、一一年度はそれぞれ五三・二%、七〇・七%だった。特に市内で最多の数がある「A社」の人件費比率は四二・二%、四五・〇%と著しく低かった(表3-1)。

資料によれば、A社の個々の保育所を見ると、常勤

表3-1　横浜市内株式会社立認可保育園における株式会社別の人件費比率

	2010年度		2011年度	
A社	15園	42.2%	17園	45.0%
B	10	49.0	11	49.1
C	7	43.4	9	42.8
D	4	60.1	4	61.5
E	4	59.0	4	56.3
F	3	59.4	3	62.5
G	3	53.6	4	62.3

(資料)日本共産党横浜市会議員団「記者発表にあたって」資料(2013年8月8日)

職員月給総額は年額で一人平均二〇〇万円程度、賞与は平均で一九～三〇万円という計算だとしている。また、退職金は未計上だった。古谷市議は「二〇一一年度の横浜市の施設指導監査結果情報によれば、日本保育サービス主体のアスク藤が丘保育園では、一年ですべての保育士が辞めて入れ替わってしまい、保護者からの不安の声があがっている」と言及し、「横浜市の公立であれば、保育の質を下げないように、経験が豊富な保育士を配置するよう努力しているが、民間にそうした発想がないことが目立つ」と批判する。

横浜市では二〇〇四年度から公立保育所が民間に移管する際には、保育士の配置について条件を設けている。具体的には、①保育士経験年数一〇年以上または法人が運営する保育所での保育経験が七年以上の保育士を二人以上、②保育経験五年以上の保育士を三分の一以上を移管先の事業者が人材確保しなければならない。園長にも条件があり、認可保育所での経験が一二年以上などが定められている。横浜市では「公立から民間に移った時の環境の変化によって子どもが不安定にならないための事業者選定の条件で、これを緩和する予定はない」としている。一四年四月の時点でこのように民間に移管した保育所は三八か所ある。民設民営にはこの基準は課せられていないが、一般的にも、保育所にどのくらいの中堅・ベテランが必要かを知るひとつの参考にならないだろうか。

企業はあくまで利益を出すことが目的とされる。もしも子どものことを考えず、たんに保育士の人件費分を圧縮する形で利益を出そうとする志のない企業が参入すれば、第2章で記したようにたちまち保育士の労働条件は劣悪なものとなる。そして、第1章で描いたように子どもにとって良いとは言えないような保育にとってかわる危険と背中合わせとなっている。

保育業界の問題に詳しい埼玉県朝霞市の黒川滋市議会議員（無所属）は、「開設費用の一部は自己負担なので、一年に一〇か所も開園するようなベンチャーは、どうして可能なのか不思議に思っている。保育所の運営は、〝顧客〟の数に合わせて保育士を採用できれば、拡大も縮小も簡単だ。仕事は規格化しやすく、一年間の収入が安定している。保育事業は収益性が低いが、大都市であれば役所が〝顧客〟を連れてきてくれるため経営が読みやすい。そのなかで子どもの数にあわせて保育士を調整するために派遣会社を使うことがあるが、グループ内で派遣会社を作れば、ピンハネすることが可能だ。そこから内部留保や、配当・利息の原資を作ることもできるだろう。法人が直接払う人件費の監督は自治体による拘束力が強いが、派遣労働者を使うとくぐり抜けられる。これは保育士の労働条件が悪化する温床となる。民間委託は施設基準などが整っていれば参入障壁がほとんどないが、自治体は実質的な出資者など背景資本や、役員の経歴や本業をきちんと把握すべきだ」と話す。

保育所の在り方について運動を進める京都保育運動連絡会(京保連)の井手幸喜事務局長は、「京都では、企業がわざわざ社会福祉法人を作って認可を受けて保育園を運営しているケースがある。手を挙げることはないだろうと思った中山間地の公募に応募する企業もある。これは、マーケティングと実績作りに他ならない。自治体への営業攻撃も猛烈で、保育士不足で足元を見られているのではないか」と批判する。

特に、公務員の定数削減のあおりで、臨時職員や非常勤職員まで採用を抑える傾向がある。自治体は見かけ上の人件費を縮小したいため、臨時職員や非常勤職員になし崩し的に置き換えている。ところが最近は思うように人材募集に応募がないので、簡単に派遣を雇っている状況だ。派遣の問題について黒川市議は、「朝霞市では、二〇一四年度に当初の予定より非常勤職員の採用が一四人分減って予算三七三二万円が削られ、一方で派遣保育士は一九人分増えて予算が約七〇〇〇万円の追加となった。派遣保育士だけで合計一億円もの支出となっている。安心して働ける環境や条件整備もせず、これを放置すれば、すぐに二億、三億に膨らむのではないか」と懸念している。

派遣の問題はお金だけの問題ではない。派遣のすべてを否定するものではないが、白梅学園大学の近藤幹生教授(保育学)は、「派遣やパートが若手の間にも増加しており、短時間勤務で必要な時間だけ働くのでは、肝心の「今日はこうでした」と子どもの様子を伝える場面がなくなる。新制度が実施される中で時間単位だけかかわる保育の在り方が急速に広まっていることで保育の質の低下を招きかねない」と危惧している。

また、京都市在住の永井宏和さんは元は保育士で、二人の保育園児の父という立場からも「派遣保育士が増えているが、多くは三か月更新のため一年間ずっといるわけではない。保育士が短期間で入れ替わると子どもの様子も落ち着かなくなる」と心配している。

管理、管理、管理

今章の冒頭の西尾さんの話を続けよう。利益を出そうとして人件費が削られると、その結果、統制をはかるために保育士も子どもも管理されるだけの存在になってしまう。

その大手チェーンの保育所では、朝、出勤すると、挨拶をしたか、手を洗ったか、爪は切ってあるか、髪はしばっているかと細かいチェックから始まる。保育士はタイムカードを打刻する時間をシフト通りにするよう指導され、その通りにしているか本社から内部監査が入った。残業代はつかず、残業していないように出勤簿を修正しないと本社から園長が注意を受ける。西尾さんは、混乱した新設保育所がどういう状況にあるかを正確に知ってもらうため、あえて正確に記録したものを提出し、抵抗した。

会社側は、保護者などに対し、安全性をアピールしていたため、乳幼児突然死症候群(SIDS)のチェックが厳しかった。SIDSとは、生後二〜六か月に発生することが多く、主に睡眠中に起こることから、その予防に、〇歳では睡眠中に五分おきに様子をチェックするよう、SIDSチェック表が広まっている。そのため、この保育所では〇歳児クラスでは五分おきにベルが鳴ってチェックを行っていた。散歩に出る時には、園児全員の名前が入っている小冊子を持ち歩き、何時何分に全員揃っているかをチェックして記録する。保育所の門でもチェック、公園でもチェック。帰りも同じで、散歩に出れば四回はチェックをしなければならず、散歩そのものを楽しめない。

一方で、保育士のモチベーションが下がらないよう、研修に行くと手当が支給されるものもあり、研修に出たかどうかでボーナスの査定に響く人事制度があったため、皆、早番が終わると夜間に行われる研修に出てはせっせとレポートを書いて提出していた。

さらに園長は「早番対策」を練って策をまとめて社長に提出しなければならなかった。若い保育士が寝坊することがあり、開園できなくなるリスクを避けるため、園長が毎朝、早番が出勤するのに間に合うように電話で起こせというのだ。これでは、土曜も何もない。西尾さんも従うしかなく、家が遠い保育士には朝五時に連絡をとっていた。五時一五分になっても携帯電話にメールが来ない場合は電話をして起こし、それでも起きない時は、自らタクシーを飛ばして保育所の鍵を開けた。公立保育所の時には考えられない事態だ。以前は、園長は土日が休みのため金曜の夜はほっとする時間を持てたが、月曜から土曜まで毎朝、神経はピリピリして、熟睡などしていられない。

そして、採用さえできればまるで保育士の資質は関係ない状況であった。英会話、リズム体操は保護者からの人気が高く行っているが、それがかえって保育士の週案を考える力を削いでいた。この民間保育所しか経験のない若い保育士に週案を書かせると、「月曜は英語、火曜はリズム、水曜は運動、あと二日は散歩に行きます。天気なら散歩、雨が降ったら室内で遊ぶ」といった具合だ。まったく保育というものを考えない、外部の講師にお任せの保育。何のために公園に行くのか、という目的意識がまったく置き去りにされていた。こうした週案がまかり通って、他の園長が印鑑を押してGOサインを出していたということに、西尾さんは、ぞっとしてしまった。

「ここでは、〝保育〟ができない保育所だということを勉強させられた。認可であれば、公立も民間も同じ保育料なのに、こんな民間の保育園に入った親子には申し訳ないと思う」

それでも、経済的に余裕のない家庭は「保育園に入れて良かった!」と言って入園し、毎日、登園する。西尾さんは、この矛盾に悩んだ一年を過ごし、毎日のように本社と闘ったが、結局、辞めた。

空前の保育士不足

保育士養成施設は、大学、短期大学、専修学校などがあり、他には通信講座などを経て保育士試験を受けて資格を取得して保育士になる道がある。厚労省の「保育士養成課程等検討会」の「中間まとめ」(二〇一〇年三月)によれば、養成施設では毎年約四万五〇〇〇人が保育士資格を取得しており、八割が同時に幼稚園教諭の免許も取得しているが、保育所に就職するのは約四六%にとどまる。

保育士試験では毎年約四〇〇〇~五〇〇〇人が保育士になっている。保育士試験を受けやすくするため、これまで年一回だったものが二回行われるなど資格取得が促進されている。

だが、現場の保育士はもちろん、園長も次々に辞めていく。そのため、保育士の有効求人倍率は二〇一五年一月で、東京都が五・一三倍、神奈川は三・四六倍と高い。保育士が足りなければ経営は成り立たず、なんとか人材を獲得しようと、都心から「東北に狩りに出る」という言

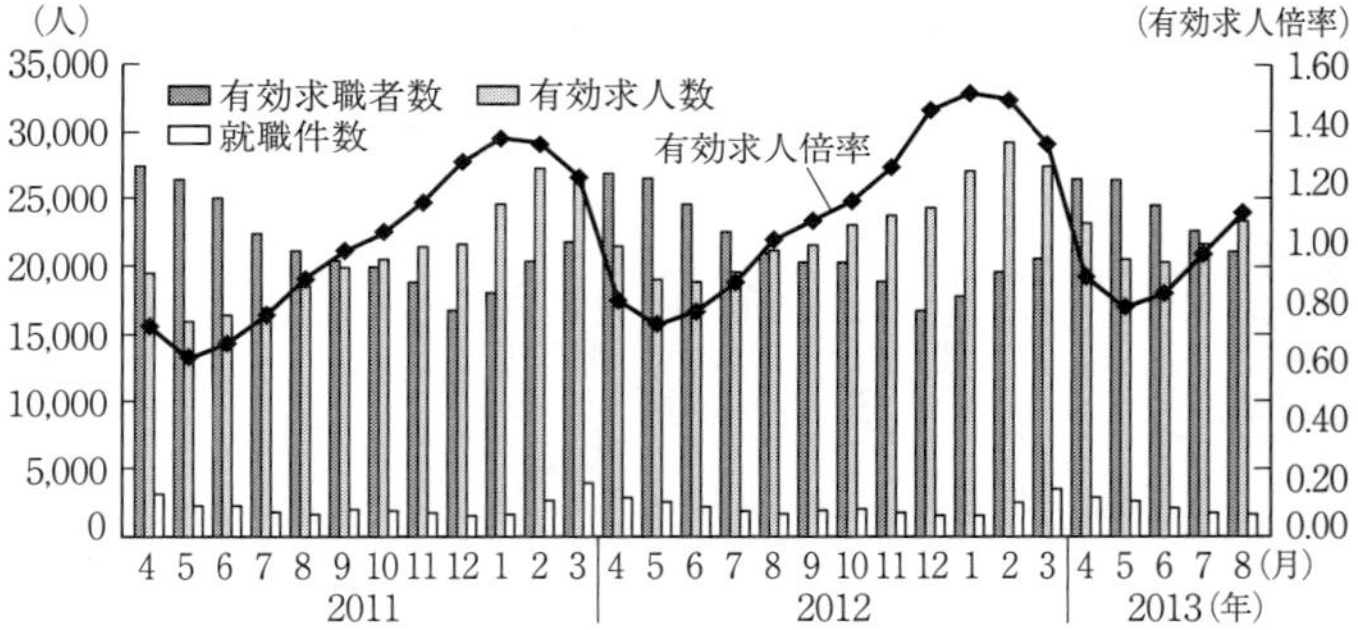

図 3-4　保育士の求人・求職の状況（全国）
（資料）一般職業紹介状況（職業安定業務統計）（職業安定局）
（出所）厚生労働省「保育を支える保育士の確保に向けた総合的取組」（同省 HP）より

葉は業界では定着しつつある。少子化で閉園・統合が進み、就職先をなくした保育士を首都圏に呼び寄せようというのだ。ある民間の園長は「いくら募集しても保育士が集まらない。やむなく派遣会社六社に連絡をしてもなしのつぶて。七月に仙台にリクルート活動に行くと、もう遅いと言われた」と嘆く。同じ東北でも仙台市にはまだ働き口があり、山形県などに採用活動に出向く傾向だ。

待機児童が多い仙台市の様子を聞くと、樋口典子市議会議員（社民党）は「保育士不足は深刻で、認可外保育所にまで影響している。保育士免許を取るための国家試験をパスした時点で「園長になって」と若手が頼まれるくらいの状況。学生が保育の実習に行った先で就職のスカウトを受け、だいたい、そこで決まっていくが、実習先では保育士に余裕がなく、勉強してきた保育の実践とは違うとギャップに悩んでいる学生が多い」と問題視している。そして、山形市の伊藤美代子市議会議員（社民党推薦）は「公立では園長と主任以外がほぼ臨時職員という保育所もあり、県の周辺部では保育所の統廃合も進んでいる。保育士が東京に出てもおかしくない状態で、ある意味で山形県は保育士の養成県になってしまっているかもしれない」と話す。

ある保育士専門の人材紹介会社の社長は、「子育てなどで辞めた潜在保育士で、パートや派遣なら働きたい声は多いが、配偶者控除の範囲内でしか働きたくないというため、フルタイムの保育士が集まらない」と話す。都内のある区議会議員は「非常勤が集まらないのが問題になっている。以前は非常勤でも保育士が採用できたが、今では誰でもいい状態。資格がなく、膝が痛くて子どもを抱っこできなくても目をつむって採用している」と明かす。また、ある保育業界関係者も「無資格者が子どもを窓から放り投げるような事件が起こり、そうした人材でも採用されてしまう状況だ」と困惑している。

当然、大学への営業攻勢は激化している。白梅学園大学の近藤教授は、他の大学で教鞭をとっている友人からの話に衝撃を受けたという。その友人は、二〇一四年九～一〇月頃に「人数確保するよう頼まれた。まとめて五〇人必要で、その人数が揃うなら基本給を五万円上げるから大至急」と、依頼されたという。また、近藤教授のもとには、卒業生が相談にやってくるという。短大を卒業後間もない、ある二〇代半ばの男性は、「お前ならできる」と、株式会社の小規模保育所でいきなり園長にならないかと誘われ悩んでいたという。近藤教授は「二〇代で園長か」と耳を疑い、これからいろいろなタイプの保育所ができるようになるため、同様のケースが増えるだろうと懸念している。

前述の京保連の井手事務局長は、「正職員では仕事に対する賃金が見合わないと、派遣やフリーを望む傾向は確かにある。京都市の公立保育所でも離職が増えていて、何年かやって辞めている。私たちの感覚では、本来、公務員になった保育士が辞めることはない。成績優秀で勝ち抜いた人材で身分も安定するはず」と驚きを隠せないでいる。

人材集めの実際

一方で、空前の保育士不足は、経済活動の面からは「需要」としても見ることができる。数年前まで地方議員をしていたBさんは、落選後、保育業界の人材集めをするようになった。取材を始めようとすると、肩が凝ったといわんばかりに首を回しながら、「で？　何を聞きたいの？　保育園なんて真面目にやると儲からないよ。だから株式会社がやると質が下がる」と、話し始めた。

現職議員の頃は子育てや保育所問題に〝熱心だった〟というBさんは、落選後、保育所運営会社の顧問をしながら、コンサルタント業や保育士集め、園長のヘッドハンターをするなど、人材紹介業をして生計を立てている。保育士不足の現状について質問すると、「誰か社長を紹介してくれたら、もっとしゃべるかも」と、筆者に要求し、なかなか本題に入ることができなかった。

Bさんは二〇一三年から保育関係の大学に営業をかけているが、思ったより参入障壁が高いようで、「医局と同じで、大学は人間関係がないと相手にしてくれない。新規参入は〝うちは決まったところに何人割り振るから〟と門前払い。中途採用も、空前の人手不足で、知り合いをたどっていくしかない。何人でもいいから採りたいが集まらないのが現実だ」と、お手上げ状態であることを教えてくれた。

そして、「自治体の採用試験に落ちた学生を民間に斡旋してくれればいいのに。公立で保育士になるのは東大受験と同じくらい難しい。一〇〇人、二〇〇人は自治体の試験を落ちる学生がいるのだから、アタックさせてもらえばチャンスはあるはず。給与はどこも、どんぐりの背比べだから、学生はロケーションで選ぶ。どんな職場かは実際に入ってみないと分からない。

学生を呼び込むためにはホームページのデザインは大事で、保育所にはデザイン会社を紹介してイメージアップを狙っている」と、新卒を狙っていることを説明する。

Bさんは、続けた。

「自治体が新設する認可保育所は一年前に公募がかかり、四月に開園するまでに保育士を揃えるのに必死だからね。とにかく頭数を揃えようと、ブローカー(人材紹介会社)に一人五〇万円のマージンを払ってでも保育士を雇って開園にこぎつけるというのも、同業者の間ではよく聞く話だ。もし、四月に保育士が足りないとなれば、自治体からの信用を失うため死活問題になるからだ。そうなると一人雇うのに五〇～一〇〇万円はかかる。そして、保育業界は地域に密着しているため、頻繁に求人広告が出ると、「あの保育園は、保育士が辞めるところだ」と信用されなくなるため、広告を打ちづらいといわれている。新設の保育所は若い保育士ばかりで人間関係も複雑になりがちだから、本当はちゃんとした人を園長につけたいが、園長も争奪戦でなかなか見つからない」

保育業界の今後の市場性について聞くと、Bさんはこう答えた。

「高年齢の出産が増えているから、障がい児が増えるのではないかと見ている。そこに大きな需要が生まれるはずだ。学童保育も足りていないため、今後二〇～五〇年はニーズが高いのではないか。両親が働く傾向が強く、しばらく少子化と相殺されるだろう。保育士が足りないなら、無資格でも良いのではないか。保育士だからすぐれているとは限らない。二〇歳の保育士と無資格でも三人の子どもを育てた人を比べれば、どちらがいいか。そもそも、東京都の認証保育所は保育士が六割でもいいのだから、認可保育所も同じ程度で良いのではないか」

典型的な経営者寄りで規制緩和派のようなBさんが、「高齢出産イコール障がい児が増える」と無神経に言い流す感覚で、保育に関する事業をしていることに嫌悪感を覚えた。

保育士不足のなか、厚労省は二〇一五年度から「子育て支援員」制度をスタートさせる。資格がなくても子育て経験がある主婦などを対象とし、二〇時間程度の研修を受けたうえで、小規模保育施設で保育のサポートに当たるようにする。国は一時は、「准保育士」制度を作ろうとしていたが、保育の階層化を招くと反対の声があがり「子育て支援員」にすり替わったという経緯がある。

保育園を考える親の会の普光院亜紀代表は「基準の人数については、正職員の保育士が配置されることが望ましいが、パートなどの保育士が配置されることもふえている。本来、人の配置基準はもっと引き上げるべきだが、保育士不足が深刻になり、現実には難しい。大人が子どもの育つ権利の代弁をしにくくなっている」と語る。

保育士の配置基準は「児童福祉施設最低基準」によって定められている。〇歳は子ども三人につき保育士一人の「三対一」、一、二歳は同「六対一」、三歳は「二〇対一」、四、五歳は「三〇対一」となっている。これはあくまで最低基準なのだが、多くの保育園で早朝や延長保育が実施され、シフトを組んで保育士が時差出勤するため、必ずしも配置基準に合わせることができず、苦肉の策を講じている。

たとえば、〇歳が四人、一歳が七人であると、〇歳に必要な保育士は一・三三人、一歳は一・一六人だが、保育所全体で計算され小数点は四捨五入されるため、保育士は二人で良いことになる。すると、〇歳だけ、一歳だけを見ればそれぞれ二人の保育士が必要なはずだが、小数点の問題で、国の定める最低基準すら守られない時間帯が生まれている。早朝や延長保育の時間はシフトに入る保育士が少なく特に手薄になる。中越地方の社会福祉法人の保育所の主任は「朝晩は保育士が足りず「みあいっこ」といって、クラス単位ではなく、合同保育をしている。「異年齢保育は、保育の質を求められる」と園長はうまいことをいうが、実際は人手がかかるから。本当は手厚くみてあげたいが、保育士一人ですむようにテレビを見せて時間をつぶしている」と嘆いている。

人手不足が何をもたらすか

こうしたなか、死亡事故が起こって法人が処分されるなどの問題が発生している。以前より、死亡事故は認可より認可外が多く、厚労省の調べでは二〇一四年の死亡事故は認可で五件、認可外で一二件となっている。しかし、最近では自治体から認可されている保育所でも決して安全を守ることができる水準にないことが危惧される。

京都市の認可保育所「春日野園」では、二〇一四年六月に職員(用務員)が、園内で遊んでいた五歳児三人を園庭に投げ出し、うち一人が頭がい骨陥没骨折の重傷を負うという事件が起こった。事件が発生してから病院で受診するまで三時間もかかり、保護者への説明も適切でなかったという。京都市の調べでは、その前に保育士の退職があり、当日には保育士の外勤があったため、事件当時、五歳児クラスが体操をしている時間帯、担任保育士がいなかったことから用務員が配置され、保育士資格のある職員がいないという体制だった。用務員が園児を投げ出し、その子どもは頭を打っていたが用務員は観察を怠り、「怒られたショックだろう」と、ぐったりする子について異変に気づかないまま過ごした。京都市は、園の運営体制や日々の運営状況が事件発生の素地となった可能性があるとしている。

また、同市の認可保育所「せいしん幼児園」では、二〇一四年七月に屋上にあるプールでの活動中、四歳児が死亡する事故も発生している。死因は低酸素脳症だった。京都市の調査の結果、事故直前、死亡した子どもの担任が監視に専念していなかった時間帯があったことが公表されている。複数のクラスがプールを使用し、それぞれの担任がついていたため保育士が一人もプールのそばにいなかったことはなかったが、時間帯によっては担任がプールサイドから離れており、クラスの子どもへの監視体制が不十分だったという。

こうした問題が起こるのは保育士不足が一番の原因だが、補助金の問題もある。そもそも、保育所運営費が八時間保育を前提に補助されているにもかかわらず、実際には一一時間の保育を行っているため、経営を考えればギリギリの配置となってしまう。福祉保育労の澤村書記長は「そもそも保育所の開園時間が一一時間以上なのに、人件費の算定が保育士一人当たり八時間で計算されているため三時間分が不足している。延長保育推進事業(基本分)の補助(四五〇万円程度)ではまったく足りず、朝夕は特に手薄になっている」と指摘する。

また、補助金を出しても、使途について現場任せだということの弊害も起きている。前述の京保連の井手事務局長は「障がい児などへの加配の補助の在り方に問題がある。公立は重度の障がいのある子どもが入ると保育士を一人つける。民間には補助金を出しても、きめ細かい基準でないために保育士を障がい児の実態に見合った配置ができないといった問題が発生している」と指摘する。

第2章で記した山本美穂子さんの保育所では、実際にこの問題が発生していた。二歳児クラス一八人のうち三人が「要支援児」と呼ばれ、心身の発達に特別な支援が必要な子どもだった。手がかかり、保育補助者が必要だったが、担任の三人だけしか保育士が配置されなかった。一人は常に走り回って、保育士がそれを追いかけるのがやっとで、他の子の保育どころではなくなる。保育所からは自治体に保育補助者の加配を申請し、補助員を雇うための助成金が出ていたにもかかわらず、人事権を持つ本社から人材が送られてこなかった。園長が再三にわたって本社に補助員を要請したが、「保育士が足りない」と言って無資格者ですら加配分の人材を配置してくれなかった。その子ならではの指導計画書を作って自治体の保育課に提出したが、人手が足りず、まったくできない。やむなく年度の後半は加配を諦め、他の子どもと同様に「五領域」という、「健康」「人間関係」「環境」「言葉」「表現」という視点からみる発達の指標に無理やり合わせたという。加配分の補助は利益に回っているとしか言えない状況で、これでは不正受給といえないだろうか。

正社員ゼロの保育所

保育のなかには、一九五〇年代の頃に看護師自らが運動をするなどして、手弁当で病院内に保育室を作り、それがやがて院内託児所や保育所に発展し、自治体が直営で運営するようになった歴史もある。就業看護職は全国で約一五〇万人いて、働く女性の二〇人に一人は看護職というなかで、病院のなかに設置される院内保育所も重要な役割を果たすため、今では、院内保育所にも補助金がおりるなど公的な資金が入るようになった。厚生労働省によると、院内保育施設は二〇一三年三月で二六六七か所あり、四万九五〇二人の児童が入所している。

しかし、院内保育所の民間委託が進み、保育士だけでなく、園長までもが非正社員という事態まで発生している。

京都市市立病院の院内保育所に筆者が訪れた二〇一四年一〇月、園舎には、柿、花梨、ビワ、ミカンのなる木々があり、まるで一昔前の公園のように温かみのある風情だった。ところが、二〇一五年一月に病院の敷地内の別のところに園舎が新築され引っ越した。新しい園舎は立派な仕様だが、園庭はゴムチップが敷かれ、保育士や保護者は「裸足で土を踏んで遊ぶ経験ができなくなる」と当初から反対していただけに、残念がっている。水と泥と緑のなかでのびのびと遊んで育った子どもたちはどこで遊ぶのか。園庭を気に入って入園を決めた保護者もいるくらいだが、新しい園舎とともに、波乱のスタートとなっている。

同保育所は、約四〇年前に看護師が中心となった運動によって設立された。これまで市の運営委員会形式で運営されてきたが、二〇一一年四月から民間委託され、ピジョンの子会社ピジョンハーツが運営するようになってから、社員の労働条件は切り下げられた。賃金は約二～三割カットとなり、園長を筆頭に全員が一年更新の契約社員となった。

二〇一五年三月まで園長だったCさんは、三〇年あまり、この保育所で働いてきた。労働条件が守られ、社員は長く働き続けることができていたが、「ベテランが増えれば当然、人件費が高くなる。それが、市のお荷物になったのでは」という疑念が払拭できない。

民間委託が始まる前は、京都市ならではの「プール制」に準じる給与体系だったため、同保育所でも賃金が安定していた。プール制とは、「京都市民間保育園給与等運用事業」の通称で、成り立ちが寺院などを中心とした民間保育所が九割という京都市のなかで、民間でも安心して働けるようにとモデルとなる共通の給与表が作られ、各保育所で働く常勤保育士などに対して運営改善費が配分されていた。各保育所からの拠出と、京都市からの支出で賄われていた。

京都市が社団法人京都市保育園連盟に運用事業を委託し、一九七二年から実施され、約四〇年間で京都市から一〇〇〇億円が京都市独自の予算として計上されていた。二〇一〇年に大幅な見直しがされ、給与表に基づく運営改善費の配分ではなく、各保育所の努力で賃金が国の基準より上回って改善された分を補助する仕組みとなった。一四年度は市から京都市保育園連盟に対する二五億円と他の補助金で合計四〇億円分が人件費の補塡に予算づけられている。ただ、給与表が事実上、なくなったことで現場に与えた影響は大きかったようだ。

ピジョンハーツに取材を申し込むと「コメントを控えたい」とのことで事実関係について確認はできなかったが、元園長によれば、委託される前は人件費が年間一億二〇〇〇万円くらいあり、人件費比率は八〜九割を占めた。園長を含む正社員一三人とパートアルバイトの人件費が計上されていた。人件費はプール制と同じ水準で、新人では基本給が一七万円、ボーナスが三・五〜三・九か月分。保育士歴三〇年のベテランになれば年収で六〇〇万円くらいになったという。元園長は「ベテランの賃金は加算がつくなど配慮されたが、ベテランが多くなったことで人件費が目をつけられたのではないか。ピジョンハーツになってからは賃金が二〜三割カットとなった。当然、辞める職員も出た」と話す。それでも六人のベテランが残り、新たにピジョンハーツが雇った三人の保育士が加わって保育にあたった。元園長は「民間委託されても保育の質を守りたい」と、残留を決め、園長に抜擢された。

ピジョン方式ではお泊まり保育は許されないが、特別に許可がおりるなど、ことあるごとに本社と交渉をして、保育内容については変更することなくできた。保育所と保護者の関係は密接で、行事の日程なども毎月協議会を開いて一緒に決めてきた。保護者は保育所のためにバザーを催して集まったお金で園舎としても使えるようなプレハブ保育室を建てたくらいだ。年に一度、金曜の夜は保育所でバザーを開いて親睦を深めることもある。こうしたことも守ってきた。ピジョン下では、残業代はきちんと支払われ、研修なども充実したが、それでも、いつ雇用が打ち切られるか分からない不安は大きく、これからが期待される人材を何人も見送った。

最大の悩みは、労働条件だ。とにかく正社員がひとりもいない。〝ブラック企業〟と呼ばれるファストフード店でも正社員が一人はいるのに、人の命を預かる保育所にひとりもいない。委託期間が満了する四年間は契約更新すると約束されたが、委託を受ける事業会社は二〇一五年度から変わるため、社員はそれ以降の雇用について当初から不安を抱いていた。

これから若手を育てていこうにも、退職金もない不安定雇用では将来を展望できずに辞めてしまう。残った中堅保育士も一〜二年で二人が辞めてしまった。結婚や子育てと天秤にかけると、この労働条件での職場は選ばれない。中堅以上の人材が辞めていくことが続くと、保育所としてのスキルアップが難しくなる。

男性保育士は特に、家族をもった時のことを考えて他に移ることを考えざるを得なくなる。同保育所で働く男性保育士(二五歳)は、前に働いていた社会福祉系の保育所が定員割れするなどして経営難に陥り、職を失った。アルバイトから少しずつ人が切られ、男性も「三月まででお願いします」と退職勧奨を受けた。「失業しては困る。拾ってもらっただけでありがたい」と就職を決めたが、月収は手取り一三〜一四万円。いつかは結婚をと考えているが、収入面で踏み切れない。給与が増える見込みはなく、株の勉強を始めた。保険料も上がり手取りは増えないなかで消費税八％が痛い。いったいどうすればいいのか。

「保育士の仕事は楽しいが、数年先の未来さえ見えない」と、悩んでいる。

元園長は「保育園は残っても、若い人に伝えていきながら保育を継続していけるのか」と常々心配してきたが、ついに、大混乱の事態を迎えた。

一七人中採用は八人

二〇一四年一一月、京都市は市立病院院内保育の運営事業者の選定について二次結果を発表した。市が提案する公募価格は、上限が九六五〇万円。関係者によると、ピジョンハーツは応募金額が約一億二〇〇〇万円で、市の上限価格を超えていたため一次選考で落選した。公募では社会福祉法人が上限価格の九六五〇万円を提示したほか、アート引っ越しセンターの子会社のアートチャイルドケア(アート社)が参加し、六六三六万円という異常な低価格で落札した。

園長や保護者会では「二〇一四年度まで、ピジョンハーツが約七〇〇〇万円で委託を受けても赤字と言われていたものが、次年度に定員と保育士の増員があるのに保育ができるのか」と不安の声をあげた。

元園長は「ピジョンハーツでも三〇〇〇万円の赤字を自社で補填していたと聞く。四月からは乳児枠が一五人増え、保育士を八人も増やさないといけないなかで、労働条件が切り下げられることは避けられない。そうなれば離職も増えて良い保育などできなくなる」と憤る。

そして、最も懸念したことが起こった。元園長からその後の状況について聞くと、アート社から提示された労働条件は、基本給が一三万円となった。変形労働時間制がとられ、労働時間は月一七七時間とされ、諸手当を含めた月給が一六万二〇〇〇円とされた。一月下旬にアート社による採用試験が行われ、現在働いている二五人(パート・アルバイトを含む)のうち一七人が試験を受けたが、採用されたのは八人だった。その八人のうち二人が正社員だが二人とも〇歳の子がいる保育士で、他はパートの保育士だった。ベテランやフルタイムで働いてきた保育士は全員が試験に落とされたという。元園長は「もともと働いていた保育士を雇用する気がまるでないのが分かる」と憤る。これらの事実関係についてアート社は「個別の取材には応じられない」としている。保護者からも委託業者に対する反対運動が起こり、委託業者を変えなければ病院を辞めるという看護師の親も出ているという。

院内保育所を利用する母親は看護師がほとんど。労働環境が苛酷だ。疲れて帰ってくる母親も受け止める保育所でありたいと保育士たちは思ってきた。

「日勤でも夜まで残業で、子どもの夕食を作ってあげられないで悩む母親もいる。仕事が遅くなり、食事も遅くなって寝るのも遅くなり、どうしても生活が乱れる。そこを保育園としてサポートしてあげたい。母親に「ごくろうさん。大変やな」と言って、一人ひとりを受け止め、しんどい話や愚痴を聞いてあげられる信頼関係が大事だ」と元園長は語る。

看護師は医療の現場で命と向き合うため、仕事をきちんと段取りをつける生真面目な人が多く、子育てでもきちんとしないとストレスを感じてしまう傾向があるという。そこを、「子どもはこんなもんやで」と知らせてあげることも必要な時代。仕事が過酷な母のストレスを感じて子どももストレスを感じ、友達とうまくいかないことも起こりがち。一人ひとりに共感してあげるための保育士の余裕が必要になる。友達をたたいてしまった子に「やったらあかん」と言ってやめるなら最初からしない。「たたかれた子、痛かったなー」と声をかけ、その子が痛かったことをたたいた子が気づく。それぞれを受け止めないといけない。命にかかわる危ないことは大きな声を出してでも注意しなければいけないが、嚙んだりたたいたりした子に叱りつける保育士はここにはいない。私はこうだね、あなたはこうだね、と、話しながら解決しなければいけない。二〜三歳は、たたくことに本人なりの理由がある。たたかれた子が悪いことを言っている時もある、どちらの気持ちも受け止めていく。小さいうちは、すぐに分からなくても、たたいた子の代わりに謝っている姿を見ているうちに、心に響くはずだ——。

そんな温かみのある保育が今、民間委託の価格競争にさらされ、崩壊させられようとしている。

認可外保育所の経営実態は

親にとっては保育所探しはまず認可保育所から始まるが、空きがなければ認可外を探すことも珍しくはない。認可外は行政から年一回の立ち入り検査を受けるが、それ以外は、独自の運営のため特徴を出しやすく、あえて認可外を選んで子どもを預けるケースもある。厚労省によれば、認可外保育所も年々増えており、二〇一四年度は七八三四か所と一〇年前と比べ約一〇〇〇か所も増加している。利用している児童数は約二〇万人以上となる。

もし自分に子どもができた時、どんな保育所に通わせたいだろうか——。

木村美夏さん(仮名、三九歳)は、そんなことを考えているうちに「自分で作るのが一番納得できるはず」と、個人事業主として認可外保育所を経営することを決めたが、その経営も厳しい。

大学卒業後、もとはサービス業で働いていた。起業向けの雑誌やインターネットサイトを見て、保育所の開業支援会社の存在を知った。ベビーシッターのアルバイトをして子どもを見ることを学びながら開業の準備を始めた。母親から借金するなどして一〇〇〇万円を工面し、コンサルタント会社に依頼して具体化していった。都心の私鉄の駅から約五分。行政区の境目近くに物件が見つかった。認可外のため、行政区は関係なく利用者が来ると睨んだ。年度途中の二〇〇八年九月、公立や民間の認可に空きがない時期にオープンし、待機児童の受け入れを狙った。三八人でのスタートとなった。

認可外保育所には補助金が出ないため、保育料は認可よりは高くなる。木村さんの保育所の場合は、週何日利用するかと園児の年齢で保育料を決めている。たとえば、〇歳で週五日、八時から一九時までの利用だと月額九万八〇〇〇円、一歳で同八万二〇〇〇円、三歳で同六万八〇〇〇円、四歳で同五万八〇〇〇円といった具合だ。木村さんは「認可より高い保育料を払ってまでキャリアが絶たれないようにする母親の意識が高い」と感じ、ビジネスチャンスがあると考えた。そして、認可よりサービスをよくしなければと、ホスピタリティが高く接客がうまい人を雇った。

秋から年度末にかけては、他の認可保育所にめったに空きができないため、認可外保育所の経営にとってはプラスに働き、順調な滑り出しとなったが、それは長くは続かなかった。

在籍園児の数が一定であればなんとか経営は維持できたが、急に一人、二人と園児が抜けてしまうと大打撃だ。たとえば、三月に三〇人の園児がいた時は月収一八〇〜二〇〇万円になるが、年度が変わる四月は認可保育所に空きが出やすく、一三人が抜けてしまった。すると、月収が八〇万円に激減した。最終利益でほとんど手元にお金が残らない。毎月の賃金の支払いのための現金の確保に困った。パートの無資格の保育者が気を遣って「私、暇でも大丈夫ですよ」と自主的に休んでくれたが、オープン初年度は貯金を切り崩し、預金通帳はすっからかんになってしまった。四〜六月は認可保育所に〝顧客〟を奪われたため木村さん自ら出稼ぎに行き、それは二〜三年続いた。朝は保育の現場に無給で出て、一三〜一八時は一般の企業などで派遣社員として週三日働き、保育所で雇っている一人分の人件費に充てた。

認可外保育所を利用するのは待機が多い〇〜二歳が中心で、それ以降は認可保育所に移ってやめるか幼稚園に入っていく。一人やめてしまえば、まるまる月額料が減収になり、痛手が大きい。木村さんは、「〇歳であれば、なるべく月齢の高い赤ちゃんを受け入れたい。一歳前後であれば歩けるようになり離乳食も進んでいる。同じ〇歳でも、生後六か月くらいと比べて保育士の手のかかり具合がまったく違う」と、本音を明かす。

六八平方メートルの家賃は大家に値切る交渉をして月二五万円だったが、それでも経営は常にギリギリだ。三年目に入る時は家賃の更新料を捻出できず、スナックでもアルバイトをした。「なんで、こんなことをしているんだろう」と思ったが、人のためになり、「ありがとう」と言ってもらえる保育の仕事を辞めたいとは思えなかった。

保育スタッフはすべて時給制の非正社員だ。園長が時給一二〇〇円、有資格者の保育士五人は九五〇円、無資格者の一〇人は九〇〇円。園長とリーダー役の保育士だけは社会保険に加入している。人材会社からしょっちゅう営業の電話がかかる。一時は、保育士の人数が足りず、監査がくる時に配置基準が守れないと焦った時に、人材会社から保育士を紹介してもらい手数料を十数万円払った。その時はどうしても「保育士」が欲しかった。しかし、たまたま紹介された保育士は経験が浅くてまったく戦力にならず、痛い思い出だ。

木村さんは「子どもが子どもらしくいられる園」を作りたいと思っている。これまで出会った母親が、「五歳の子どもが三時間も昼寝をしてくる。公立に通い、園庭があるのに園庭で遊ばせてもらえない」とぼやいていた。木村さんの保育所に園庭はないが、だからこそ外での遊びを充実させている。

「認可をとるつもりはない。認可をとっても自治体に提出する書類が増えるだけ。その時間、子どもと多く一緒にいて保育に専念したい。こぢんまりと保育園を運営したい。いつ何があるかも分からない。利益を得るために保育園以外の仕事も併せてできるよう、自由が利くほうがいい」と木村さんは考えている。

最近、保育料を値上げした。六年目に入ると、洗濯機が故障したり電話の子機が使えなくなったりと、何かと物入りで、そのたびにヒヤヒヤしている。少しでも余裕を持たせるには保育料を上げるしかない。そして何より、優秀な人材を確保するための財源に当てようと考えた。保育士不足で採用状況は厳しく、中核メンバーには居つづけて欲しいため、清水の舞台から飛び降りる覚悟で時給を一〇〇〇円に引き上げる。人件費が最高で月一八〇万円かかるが、人材が命の仕事だ。木村さんの収入はといえば、粗利がそのまま年収になっており、今、ようやく二五〇〜三〇〇万円を得ている程度と、決して楽ではない。

役所に踊らされる

志を持つからこそ認可外、という保育所の経営者も少なくないが、待機児童問題で窮地に立たされている矛盾がある。

神奈川県内で認可外保育所を運営している桜井節子さん（仮名、五〇代）は、自治体の保育課から、たびたび、「認可外の残りはあとわずかです」と言われ、認可保育所に転じないかと頼まれる。

地元の行政区内では、行政主導で次々と認可外保育所が認可を得て、残りはあと数か所しか残っていない。桜井さんは「認可外の園児は待機児童としてカウントされるため、保育園そのものを認可園にしてしまえば待機児童が減るという算段なのです。認可になると役所の〝規格〟に合わせないといけないから、やりたい保育ができなくなる」と、断り続けている。

桜井さんの園には、常時二〇人前後の子どもが預けられている。「困っているお母さんを助けたい」と、保育所を始めた。土日祝日、連休などを問わずにほぼ開園している。朝六時半頃から夜一〇時頃まで預かっているため、ダブルワーク、トリプルワークを余儀なくされるシングルマザーの利用も多い。保育料は〇歳を一二時間預かったとしても月四万五〇〇〇円とリーズナブルだ。その代わり、一時保育を受け入れ可能な分だけ預かり収益にしている。

近隣の他の保育所の延長保育が早い場合、別料金でお迎えにも行く。日曜や祝日に空いている保育所がほとんどないため、遠くから預けにくる母親もいる。サービス業に就いている人が多い。ひとつの部屋で異年齢保育を行い、卒園し小学生になった子も預かる。いざとなれば、泊まりの保育にも対応する。

認可外保育所には二つの定義がされていて、①夜八時以降の保育、②宿泊を伴う保育、③一時預かりの子どもが利用児童の半数以上、のいずれかを常時運営している保育施設は厚労省の統計上「ベビーホテル」とされており、二〇一三年三月で入所児童は三万四五一一人いる。両親が夜間働いているなどの理由で利用している小学校入学後の学童も八五八七人いる。

もし桜井さんが認可を取れば、これらの保育は一切できなくなる。「頑張る母親にとって融通の利く保育園でありたい」という桜井園長の想いが断たれてしまう。認可保育所になると、これまでやり続けてきた手作りの食事は揚げ物ばかりの委託給食になり、びっしりと書かれる連絡ノートは簡素な規格連絡帳になってしまう。

仲間の認可外保育所が認可になったが、一〇人の定員に六人しか園児が来なかった。駅に近い別の保育所は認可を受けてからは日祝の保育をやめて大規模化したものの、保育士が揃わず、冷暖房費もかさむと苦しい状況だという。桜井さんは「施設の設置基準をクリアするために内装工事をするなど費用をかけて認可をとっても定員割れするのでは、借金地獄に陥るだけだ。保育園が自治体に踊らされている」と思ってやまない。

一方で、役所から待機児童を減らすための担当者が頻繁に訪れ、粗さがしをして帰っていく。毎月電話が入って子どもの数を確認される。二〇一四年一〇月一日、待機児童についての調査が入った。毎年、厚労省は四月一日と一〇月一日時点の待機児童数を公表しているためだ。桜井園長は「役所から、一〇月一日のその日、月極めで預かっている園児数が一六人であればいい」と言われた。立ち入り調査が入った場合も、その日の園児が保育士数に合った定員であれば良いという。一方で、一二月の立ち入り調査の日に限って二二人を預かっていた。その時には月極め保育の定員は一六人と厳しく指導を受けた。桜井園長は「本来、役所とあまり関わらないはずの認可外なのに追い詰められている、認可を取らないならやめろといわんばかりだ。それもすべて見かけの〝待機児童の解消〟のため」という怒りを隠せない。

第4章　共働き時代の保育

妊娠や出産を経て、子育てをしながら働く女性が増えた結果、共働き世帯が過半数を占めるようになった。保育所の存在はなくてはならないものとなっている。保育所は、親にとっては就業継続のため、子どもにとっては生活の場である重要な存在だ。その二つの機能が両立できてはじめて、親子が安心できる保育所となるが、本章では、その実態はどうかを探りたい。

共働き世帯が増加するなかで

一九八六年の男女雇用機会均等法施行から三〇年。「寿退社」は死語となりつつあり、女性が結婚し、出産しても働き続けることが「意識のうえ」では浸透してきた。この間、たしかに子育てをしながら働き続けることのできる企業も増えた。ただ、均等法と同じ年に労働者派遣法が制定され、その後、派遣法の規制緩和や労働基準法の改正などにより、非正規雇用が激増したことで雇用環境は激変した。

大卒就職率が統計上、初の六割を下回ったのは二〇〇〇年で、その頃は超就職氷河期と呼ばれる。その〇〇年(二月)と直近の一四年(一〜三月平均)を比べると、結婚や出産などライフイベントが視野に入ってくる二五〜三四歳の非正社員比率は年々高くなっており、男性で五・七%から一六・六%へ、女性は三二・〇%から四一・九%へと上昇している。超就職氷河期の問題は、保育所の問題にも直結している。非正社員であれば、賃金水準は正社員に比べ低くなるため、片働きではまかないきれず、共働き世帯は増えていく。

夫が働き妻は専業主婦という「専業主婦世帯」と「雇用者の共働き世帯」はバブル崩壊後の一九九二年に初めて逆転した。しばらく両者の数はもみ合うが、九七年には完全に共働き世帯

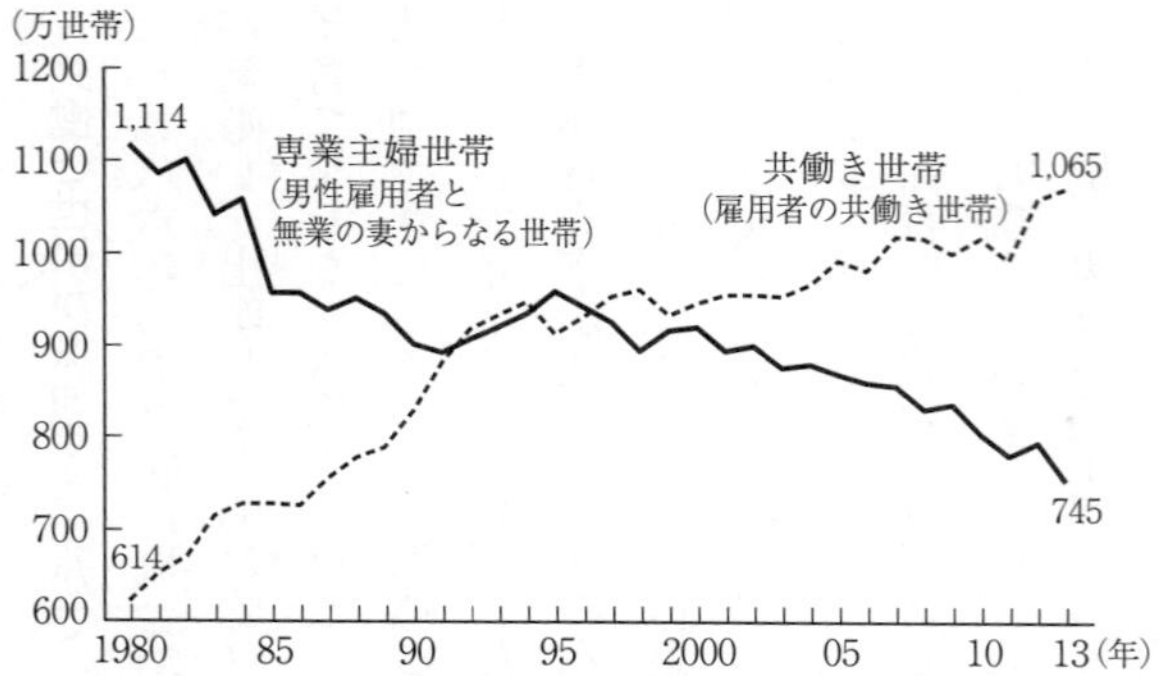

図 4-1　専業主婦世帯数と共働き世帯数の推移

(資料) 厚生労働省『厚生労働白書』，内閣府『男女共同参画白書』(いずれも平成 26 年版)及び総務省「労働力調査」(詳細集計).
(注 1)「男性雇用者と無業の妻からなる世帯」とは，夫が非農林業雇用者で，妻が非就業者(非労働力人口及び完全失業者)の世帯.
(注 2)「雇用者の共働き世帯」とは，夫婦ともに非農林業雇用者の世帯.
(注 3) 2011 年は岩手県，宮城県及び福島県を除く全国の結果.
(出所) 労働政策研究・研修機構 HP より

が上回り、二〇一三年の共働き世帯は一〇六五万世帯、専業主婦世帯は七四五万世帯という大差がついており、その差は今後も拡大していきそうだ(図4-1)。

子育てをしながらの共働きといえば、イコール「保育所に入れなくては」と、今や誰でも当たり前に思う。保育所の利用率は二〇一四年四月で三五・九%と、年々増加している。

保育所とは、そもそも、措置制度として始まった。一九四七年に制定された児童福祉法により、第三節第二二〜二四条で「助産施設」「母子生活支援施設」に並んで「保育所」が位置づけられている。助産施設は、経済的理由により病院など

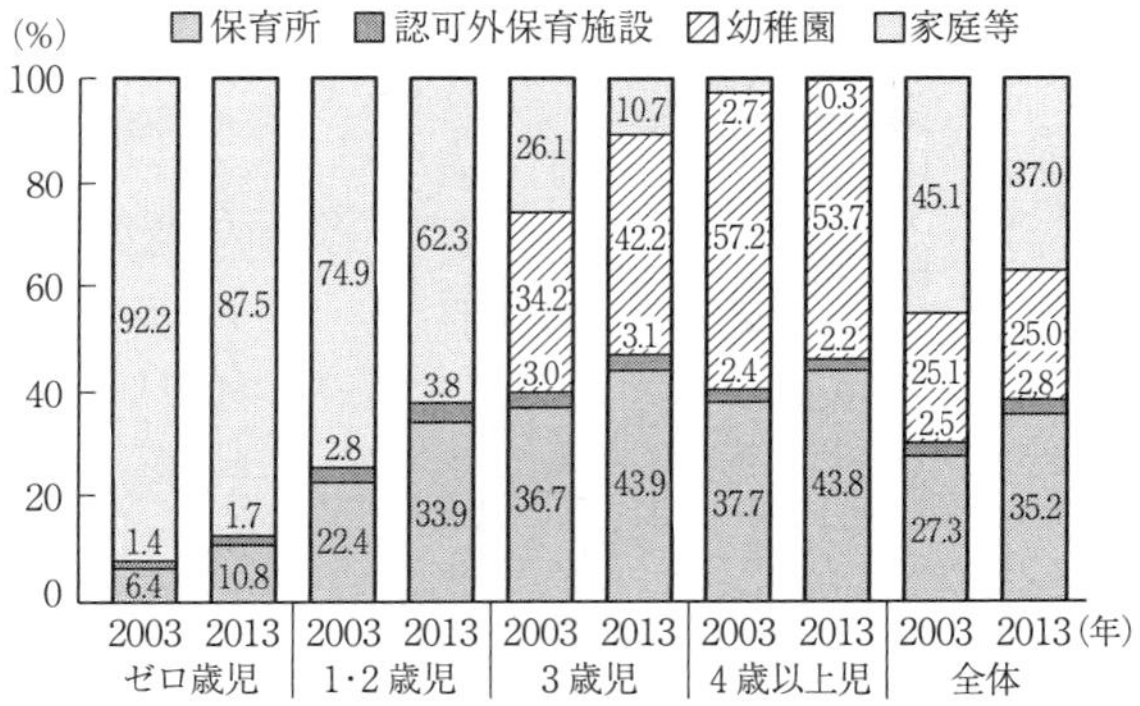

図 4-2　就学前児童の保育状況

(注 1) 保育所入所児童数は福祉行政報告例(厚生労働省〈2013 年 4 月 1 日現在〉)(概数)による.(注 2) 幼稚園在園児童数は学校基本調査(文部科学省〈2013 年 5 月 1 日現在〉)による.(注 3) 認可外保育施設は厚生労働省の「認可外保育施設の現況」(2012 年 3 月 31 日現在)による.(注 4) 就学前児童数(0〜5 歳児人口)は人口推計(総務省統計局〈2012 年 10 月 1 日現在〉)をもとに,以下のような修正を加え 4 月 1 日現在の人口を推計した.A 歳児人口＝10 月 1 日現在の A 歳児人口×$\frac{6}{12}$＋10 月 1 日現在の(A＋1)歳児人口×$\frac{6}{12}$.(注 5) 合計は 100.0% にならない場合がある.
(出所)『保育白書 2014 年版』

で出産できない妊婦を救済するための施設を指し、母子生活支援施設は以前は「母子寮」と呼ばれ、DV(ドメスティック・バイオレンス)などから逃げて一時的に生活を立て直す施設、その次に保育所が挙げられ、保護者の労働や疾病などで「保育に欠ける児童」を入所させるという趣旨となっていた。九七年の法改正で、保育は「措置」から「契約」に変わったとされている。この「保育に欠ける」という表現が時代や実態に合わないと、その表現を使わない自治体なども増えており二〇一二年の改正で「保育を必要とする」と変えられた。

非正社員の賃金で生計を立てる親にとって、こうした保育所の在り方は切実な問題となり、まさにライフライン(命綱)となるが、なかには措置の意識から抜け出せず、運営が硬直的でセーフティネットの役割を果たせず、むしろ親の仕事を奪いかねないケースもある。

「働かなければ育てられない」のループ

北関東で訪問介護ヘルパーの仕事をしている管野幸恵さん(仮名、三七歳)は、高校を卒業してから何度か職を変えているが、ずっと非正社員のままでいる。夫は飲食店の契約社員。一歳半の娘を公立保育所に預けている。派遣社員の管野さんは、できるだけ訪問介護の仕事を入れているが、たとえば拘束時間が一日八時間でも訪問先への移動時間は時給計算されず細切れ雇用となるため、実働は半分程度になってしまう。月収は一〇万円にも満たないことがある。夫は居酒屋で働いているため、帰宅するのは深夜三〜四時でも早いほうだ。昼もランチ営業で出勤するため、保育所への送り迎えや、子どもの急な病気に対応できない。夫の月給は一八万円程度。車がそれぞれに必要な地方では生活費・維持費もそれなりにかかり、幸恵さんの収入がなくては、先行きも不安だ。

少しでも収入を得ようと、夜の時間帯や土曜にも仕事があれば入れたいところだ。職場でも、「ちょっとお願い」と言われればやるしかないムードがある。忙しい時間帯の仕事を引き受けないと「役に立たない」と、仕事を干されてしまう。ところが、仕事を入れたくても、保育所の開園時間は一八時までで、延長保育を使っても一九時には閉まる。その延長保育を使う場合は一か月前に申請しなければならず、急な残業には対応してもらえない。土曜は一三時までしか開いていないうえに、入園した時に土曜保育の必要性があると判断されず、園長に頼み込んでも「土曜は休みのはずですよね」と、一蹴される。お迎えも、一分でも遅れれば保育士から「困ります」と叱られ、何度か続くと園長から「ルールが守れないなら退園してもらいます」と迫られた。

職場からは人手の足りない夜間や土曜に仕事に出るよう命じられ、「それが無理なら辞めてもらう」と宣告された。やむなく、土曜は他の私立保育所の一時預かりを利用してしのいでいる。日曜は、明け方に帰宅した夫がほぼ徹夜状態で子どもを見ている状況だ。

「これでは子どもが不安定になって、何のために働いているのか分からなくなる。けれど、働かなければ育てていけなくなる」と、悪循環のループにはまるようで、ジレンマを感じる毎日だ。

一般的な認可保育所の開園時間は、おおむね七時三〇分から一八時三〇分までが多い。延長保育があるかないか、時間帯は各自治体や各保育所にゆだねられている。保育園を考える親の会が発行する『一〇〇都市保育力充実度チェック』(二〇一四年度版)には、東京都、千葉県、埼玉県、神奈川県の主要都市と政令指定都市など一〇〇都市の保育サービスに関する調査が掲載されている。同冊子には、各自治体が回答した認可保育所についての保育料、運営費、延長保育や夜間保育、土曜、休日の保育や〇歳児、障がい児、病児・病後児、一時預かりなどの状況がまとめられている。延長保育の実施率を見てみると、多くの自治体の認可保育所で八〇～一〇〇%となっているが、一〇〇都市のうち七市区(東京都の足立区、江戸川区、北区、練馬区と静岡市、大阪市、広島市)は五〇～六〇%台にとどまる。

ワーク・ライフ・バランスの問題や、そもそも子どもを遅い時間まで預けていることへの是非が問われており、延長保育には賛否両論がある。もちろん、夜遅くまで親と離れて過ごすことが良いのかという子どもに立った視点が優先されるべきではある。しかし、現状として親は残業ができなければ一人前として見られず、クビになりかねない職場が多いなかでは、延長保育や夜間保育なしでお迎えに行ける職場環境は限られる。そのため、時間に融通が利くパートや派遣にキャリアが変更される問題も起こっている。

日本の長時間労働を強いる企業体質がなかなか改善しないなかで、保育所だけが早く閉まってしまい、近くに実家など頼る人がいないとなると、夜遅くまで開いている保育所や二四時間保育をしているところに子どもを預け直さなければならない。料金さえ払えば夜間開いている保育所のスタッフが、日ごろ通っている保育所に子どもをお迎えに行ってくれるが、子どもにとって環境が変わることは心の安定も損なう。ベビーシッターを雇って家で待っていてもらおうと思っても、時給二〇〇〇円前後もかかるため、よほど収入が高くないと難しく、結局、二重、三重保育になってしまう現実がある。

厚労省では、①夜八時以降の保育、②宿泊を伴う保育、③一時預かりの子どもが利用者の半数以上、のいずれかを常時運営している施設を「ベビーホテル」と定義しており、二〇一三年三月末でベビーホテルは全国に一八一八か所ある。東京都が突出して多いが、個別の都市を見ていくと、札幌市、仙台市、横浜市、大阪市、神戸市、福岡市などの政令指定都市にも多く、夜間や二四時間保育のニーズが高いことが分かる。

前述の『一〇〇都市保育力充実度チェック』によれば、東京都品川区は公立私立ともに夜間保育が充実しており、認可保育所での延長保育の実施率は一〇〇％で、おおむね一九〜二〇時以降の「夜間保育」を行っている保育所が三六か所となっている。夜間保育が二番目に多い世田谷区の六か所と比べても、品川区は抜きんでている。

品川区の阿部祐美子区議会議員(民主党)は「保育園の終わる時間が早いと、二重保育、三重保育の温床になる。親が迎えに来ることができずに、子どもが他の預かり場所を転々としてしまう。それは良くないことだと、現場の保育士からの意見が出て、二二時まで延長保育を実施する保育園ができた経緯がある。品川区の良いところは、公立保育園が直営で運営されていることだ。公設公営だと現場の問題意識が直接伝わり、行政が動く」としている。

病児、障がい児保育の少なさ

公立保育所が存在する意義には、障がい児保育や地域の子育て支援など、民間で実施しにくい事業を行う責務があるのではないか。親子の生活を守る仕組みとして、日々においてニーズのある病児・病後児保育、そして障がい児保育もまだまだ手厚いとは言えない。病児・病後児保育は、二〇一二年度で「病児対応型・病後児対応型」施設が一一〇二か所、延べ利用児童数は約四九万人となっている。稼働率が病児対応型で四五%、病後児対応型で一六%、平均キャンセル率がともに約二五%と、収入が安定しないことも病児・病後児保育の課題となっている。

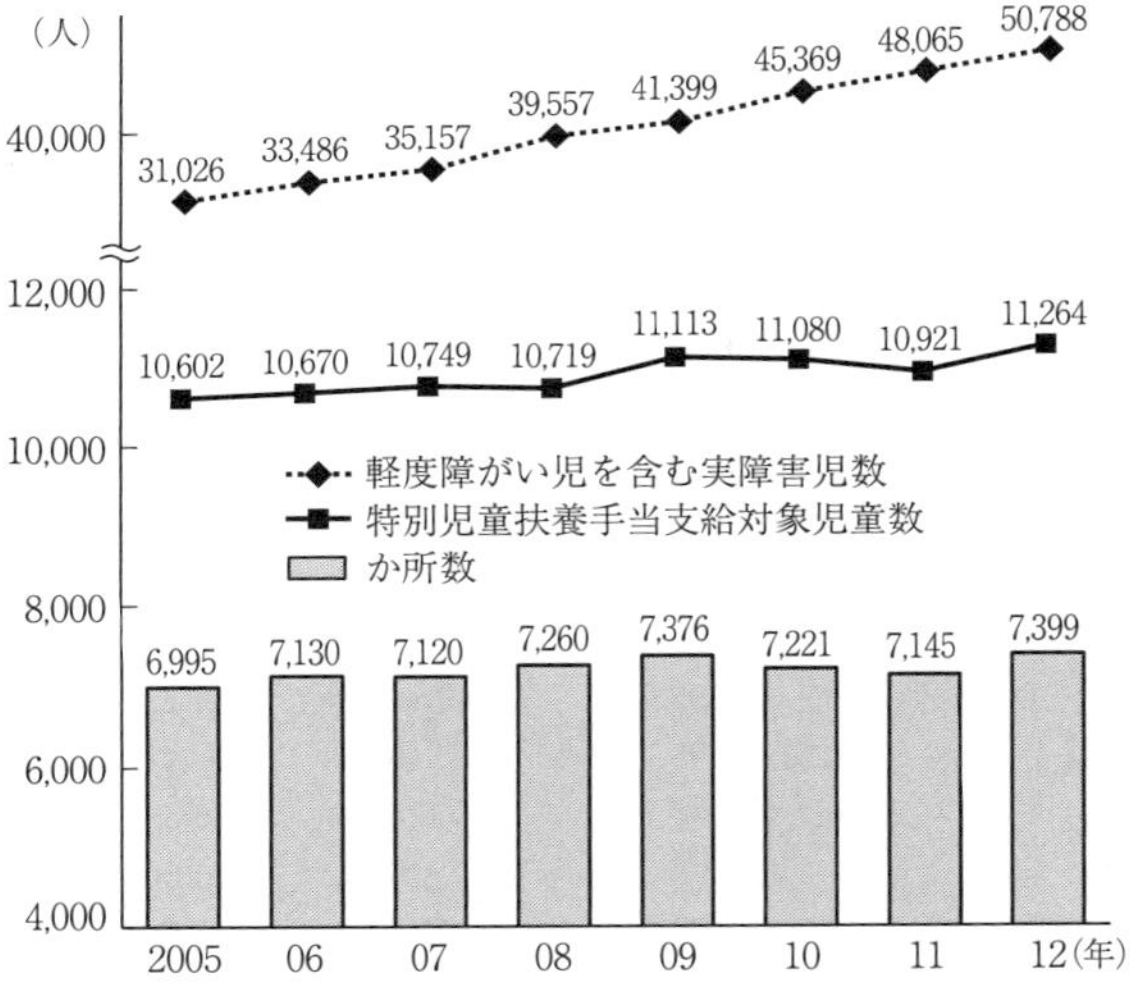

図 4-3　保育所における障がい児の受け入れ状況

(資料) 厚生労働省「全国児童福祉主管課長会議」資料(2014 年 2 月 26 日)
(出所)『保育白書 2014 年版』

障がい児を受け入れている保育所は、二〇一二年度で七三九九か所と横ばい状態だ。軽度な障がい児を含む実障がい児数は五万七八八人となっている(図4−3)。この点、病児・病後児保育を得意とするNPO法人フローレンスが、日本で初の長時間の障がい児保育に乗り出し、その広がりが期待される。

前述の『二〇〇都市保育力充実度チェック』では、障がい児保育の実施率も調べており、二〇〇一年度と一四年度を比べると、公立は九二・八%から九九・〇%へ、私立は八四・〇%から八九・九%に増加している(表4−1)。

表 4-1　障がい児保育の実施率の推移

年度	公立	私立	合計
2001	2,239(92.8%)	1,764(84.0%)	4,003(88.7%)
2002	2,286(94.8)	1,949(88.9)	4,235(92.0)
2003	2,357(97.4)	2,049(89.4)	4,406(93.5)
2004	2,377(98.2)	2,154(89.0)	4,531(93.6)
2005	2,344(97.3)	2,277(88.9)	4,621(92.9)
2006	2,349(98.4)	2,302(85.0)	4,651(91.3)
2007	2,328(98.1)	2,421(85.0)	4,749(91.0)
2008	2,297(97.5)	2,606(87.5)	4,903(92.0)
2009	2,287(98.3)	2,742(88.8)	5,029(92.9)
2010(100 市区)	2,533(98.7)	3,623(89.5)	6,156(93.3)
2011(　〃　)	2,500(98.7)	3,912(89.6)	6,412(93.2)
2012(　〃　)	2,467(99.1)	3,871(89.5)	6,338(93.0)
2013(　〃　)	2,423(98.7)	4,179(90.1)	6,602(93.1)
2014(　〃　)	2,415(99.0)	5,032(89.9)	7,447(92.9)

（出所）保育園を考える親の会『100 都市保育力充実度チェック』

保育園を考える親の会では、公立保育所が存在することの意義について、行政が保育に直接責任を負ってきたからこそ、民間事業者も公的事業の担い手としての認識を堅持してきた経緯があると指摘しており、民間で対応できない環境やニーズには「公」が引き受け手となって子どもを守っていくことの必要性を改めて問いかけている。

保育は親へのサービスか

そうした親子への配慮をしながらの保育行政がある一方で、二〇〇〇年からの株式会社の参入で、保育は親への完全な「サービス業」に為り変わろうとしている面も出てきている。

ある公立保育所の園長は「うちは、親子のかかわりを大切にしてもらいたいので、毎週、親子で一緒に布団にシーツ交換をしてもらいます。そういうのが面倒だということでしたら、私立のほうがサービスは良いですよ。シーツ交換の必要のないコット（簡易ベッド）で午睡をするので。よく見て回って決めたほうがいい。塾への送り迎えまでしてくれる民間もありますから」と、あらかじめ保護者に説明するという。

多くの場合、公立では、保護者は登園した後で登園時間や降園予定時間を出欠簿に書き、着替えやオムツ、お手拭タオルなどをロッカーにセットしてから出勤する。お迎えに行けば、汚れた洋服や、保育所によっては使用済のオムツを荷物にまとめて帰る準備をして降園となる。

一方の、株式会社の保育所はといえば、極端にいえば第1章の牧野宏美さんのケースのように、保護者サービスとして、シーツ交換どころか、着替えやオムツなどのセットまで保育士が行い、保護者は玄関先で子どもをそのまま預けて、お迎え時はすべて帰ることのできる状態で玄関先に子どもを連れてきてくれるようなところもある。また、幼稚園に通う子どもに遅れをとらないようにと焦る親の心理を読みとり、英会話やリトミック、習字、音楽などの教室を行えば、「教育的だ」と保護者が飛びつく。

認定こども園の実際

第1章の佐藤美咲さんのように、子どもの教育を考え、仕事を辞めて、あるいは時間に融通の利く職業に変えて、幼児クラスから幼稚園に転園するか真剣に悩む母親は決して少なくない。そこで就業断念することなく、幼稚園がうたい、保護者がイメージする「教育」を受けられる仕組みとして、「認定こども園」の存在が浮かび上がる。だが、果たして、実態はどうなのだろうか。

この認定こども園は、二〇〇六年一〇月にスタートしたものだ。待機児童の解消が急務の課題となるなか、定員割れで厳しい運営状況の幼稚園と保育所を合わせて運営し、保護者が働いているかどうかにかかわらず利用できる。いわゆる「幼保一元化」と呼ばれるものだ。幼稚園を管轄する文部科学省と保育所を管轄する厚労省で幼保連携推進室が設置された。①認可幼稚園と認可保育所が連携する「幼保連携型」、②認可幼稚園が主体となって保育が必要な子どものための保育時間を確保する「幼稚園型」、③認可保育所が、保育が必要な子ども以外の子どもも受け入れ、幼稚園的な機能を備える「保育所型」、④幼稚園や保育所の認可がない地域で教育や保育のための施設として運営する「地方裁量型」、の四つのタイプがある。文科省と厚労省から補助金がおりるが、二〇一五年度からは「子ども・子育て支援新制度」が始まり、従来の補助金は一本化される。

幼保連携推進室によれば、二〇一四年四月に認定されている件数は全国で一三五九件。最も多い都道府県は、兵庫県の一一八件、次いで東京都の一〇三件、茨城県の九九件となっている。四位は北海道の七二件、五位は長崎県の五六件。タイプ別に見ると、東京都は幼稚園型が全国一位で五一件あり、二位の茨城県(四九件)と並んで多い。

本来は保育所が必要な子どもを幼保連携型あるいは幼稚園型に預けることで、母親が平日の昼間に行事に参加しなければならないなどの負担が大きくなっている現実もあり、保護者や現場の職員の間からは、こども園に対する疑問の声が出ている。

都内の幼保連携型に二歳の子を預ける山本順子さん(仮名、三二歳)は、「とにかく毎月のように、手作りで何かを持参するよう言われるが、それをこなす時間がない」と困惑している。子どもが一歳児クラスの時は、毎月牛乳パックに写真や飾りをつけてサイコロを作らなければならなかったが、病院勤めの山本さんは残業も多く、日々、お迎えは延長保育を使ってもギリギリの状態。実家の母親に手伝ってもらった。今年は猫のぬいぐるみを作らなければならない。子どもたちに猫のぬいぐるみの世話をさせることで成長を促すと、こども園から説明を受けた。

預け先で使う布団やポシェットも親の手作りでなければならない。

わざわざ裁縫道具を揃え、人形の型紙などを買って作り方の説明書を見るだけでも一苦労だ。子どもが眠ってからでないと作業ができないが、子どもが寝る頃には自分も疲れ果てて眠ってしまい、作ることができない。

猫のぬいぐるみは、毎日、何人の提出があったか掲示されていて、まるで速報が打たれているようでプレッシャーを感じる。山本さんは、少しずつ進めているが、一か月はかかりそうだ。子どもの友だちはお手製のぬいぐるみで遊んでいるため、可哀想に思っている。

夕方には不定期で絵本の読み聞かせ会がある。〇〜三歳は毎月一回、「ハンドメイド・デイ」があり、子どもと一緒におもちゃを作るなど行事が多い。四〜五歳になると、預かり保育の園児より幼稚園児が倍近くの人数いるため、基本的には幼稚園としての運営となる。保育所なら当然、毎日給食だが、幼稚園は原則、弁当だ。そのこども園では、幼児クラスになると、お弁当と給食の日が交互にくるため、山本さんは「どうやって弁当を作る時間を作ればいいのか」と恐怖を感じている。

別のケースでも、認定こども園への疑問の声が挙がっている。夫があてにならず家計を担っている瀬戸静香さん(仮名、三〇代)は、子どもを生後二か月で預けて働かなければならなかった。認可保育所が見つからず、認可外でしのぎ、生後三か月で空きが出た認定こども園に入った。当初は、「行った先で幼児教育も行ってくれれば安心だ」と思っていたが、そのこども園の中身は典型的な〝幼稚園〟だった。

こども園では、平日に行事が頻繁に行われ、出席しないと気まずいムードが流れた。高熱が出たわけでなくても、少し体調や機嫌が悪いと午後二時頃でも「すぐにお迎えに来てください」と催促する電話がかかってきた。園児の母は、働いているとはいっても、近くの高級住宅街に実家がある富裕層が多く、母親は必死に働いて家計を担っているわけではなさそう。「まるで幼稚園のような雰囲気で、私とは合わない」と感じた。延長保育もあり、残業が避けられない時は利用したが、スタッフが少なくケガをしても事後報告だった。どういう経緯でケガをしたかも説明不足で、すぐに転園希望届を出し、転園した。

大きすぎる文化の違い

こども園で実際に働いている保育士と幼稚園教諭との間に深い溝ができてしまえば、決して良い運営がなされているとは限らない。

公立保育所を定年退職後、都内の公立の認定こども園（幼保連携型）で働く西野薫さん（仮名、六〇歳)は四歳児クラスに配属されたが「チームワークどころではない」と憤る。

保育所は土曜にも勤務があるのが当たり前だが、幼稚園はそうではない。こども園になって、幼稚園の先生にも土曜出勤が命じられると、幼稚園側から不満の声が高まり、きれつが生じた。

一〇〇円でも費用が発生すると書類が必要で、みな、仕事が増えてサービス残業が月何十時間にも上るようになった。保育時間外の朝と夕方は混み合い、朝は一時間前からパソコン待ち。同じ施設に合いとなる。二〇人職員がいてもパソコンは三台しかないため、パソコンは奪いいながら、幼稚園部門には一人ひとり机があるが、保育部門にはなく、子どもの椅子を台にして事務をするしかない。

昼食時も、もめる。保育所なら給食で当たり前だが、幼稚園では弁当持参が常識だ。四~五歳のクラスは給食か弁当か選ぶことができるようになっており、それが、業務の負荷を高める。保育者は、給食か弁当かを名簿で把握するが、朝、おはようございますと挨拶をしながら、頭のなかはお金の勘定でいっぱいだ。「今日はお弁当? お迎えは? 一時間遅い?」メモをとりながら目が引きつってくる。

都内の公立の幼保連携型のこども園で働く根本真紀子さん(仮名、六〇代)は、「大人でもカルチャーショックを受けるのに、子どもに影響がないわけがない」と、危惧している。保育所と幼稚園が同じ屋根の下で運営される難しさがある。

そもそも保育所は登園時間が親の出勤時間によってバラバラのため、いつでも受け入れるが、幼稚園の先生は九時から一五分しか開門せず、時間が来れば門を閉めてしまうことが根本さんには信じられなかった。

そして、まるでつぎはぎのような保育が行われ、根本さんはそれを〝バンドエイド保育〟と呼んだ。幼稚園は基本的には一四時頃で子どもが降園するため、保育者のシフトも短時間のパターンができる。終わりの時間が、一五時、一六時三〇分、一八時三〇分、一九時三〇分と分かれ、それぞれの時間がくれば保育者が交代する。一日のなかで保育者が四〜五回代わるため、子どもは落ち着かず、荒れていった。保育者に見せる子どもの顔が、担任か応援に来ている先生かで変わる。下の子が産まれるなどして情緒不安定な子の気持ちを担任が受け止めてくれても、時間がくれば次々に先生が変わるため、暴力的になったり泣いたりする子が増えた。子どものケガも多くなった。根本さんは、「幼稚園の先生もしっかり八時間保育に加わり、子どもたちの心の揺れをしっかりみてあげるべきだ」と感じた。

幼保一元化の前は八〇人規模の保育所だったため、ほのぼのとした保育ができたが、一元化後は一七〇人を超す大きな施設になった。散歩に出るにも一苦労だ。保育所の頃は、一日一回は外に出たが、幼稚園には散歩に出る習慣がない。幼稚園のやり方に引きずられて、保育所組の四歳児は四月から一〇月までの間に二回しか散歩に出られなかった。あまりに外に出ないため、五歳でブランコに乗ることができない子どもまでいた。幼稚園の子どもは母親が働いていないケースがほとんどのため、一四時頃にお迎えにきてからいくらでも公園に行けるが、一日八〜一〇時間も預けられる保育園児が散歩に出ないということは、一日まったく外で遊べないことを意味する。それでは足腰も弱くなってしまう。公園に出かけて遊ぶことを通して、友だちとぶつかって順番を守る、転んで起き上がる強さを身につける、数を覚えるなどを学んでいく。そうした機会を奪う保育が強いられた。

こども園の大規模化で、〇、一歳は三クラス、二歳も二クラス編成となり、乳児が極端に多くなった。大所帯で公園まで歩くのにも冷や冷やする。こども園の近隣に大工場があり、トラックがひっきりなしにスピードをあげて走っている道路を歩かなければならない。二列では歩けず一列での「命がけの散歩」。公園は近いが、たどり着くまでに、靴が脱げる、喧嘩が始まる、おしっこ、うんちと、てんやわんやするが、幼児クラスは保育士がたった一人で子どもたちを見ながら歩かなければならず、ただただケガなく無事に帰ることを祈りながら散歩に出ることになる。

「園庭がない、せまい園が増えて経験がなくなる。公園で遊んだことがなくブランコができない。自然に触れる機会もない。国がそれをよしと言っていることに、保護者も問題意識を持って欲しい。遊具がなくても思い切り走る外遊びは重要だ」と、根本さんは日々、考えている。そして「このような現実に、保育士はバーンアウトして辞めていくのだ」と、怒りのやり場に困っている。そして、根本さんは、「保育園と幼稚園はそれぞれ長い時間をかけて培ってきた文化の違いがある。それが一緒になっても、同じ条件ではやれない」と強く感じている。

たとえば、担当している四歳児クラスでのトラブルのちょっとした対応ひとつでもやり方が違った。子どもが喧嘩をしてかみつき、ケガをすることはよくあることだ。幼稚園出身の担任は、喧嘩をした子どもと保護者を全員集めて、皆の前でごめんなさいと謝らせる。保育所部門の保育士は、子どもがケガをしたのは止められなかった保育士に責任があると受け止め、その時の判断もあるが、原則、けがをさせた相手の子の名前を出さない。根本さんにとって、幼稚園のやり方は見せしめのようで、その現場を見た時は謝れと強要された子が可哀想で涙が出てしまった。幼稚園の先生からは「保育園の先生は謝り過ぎだ」と嫌味を言われた。しかし、根本さんは「幼稚園は親子が同じ時間に来て帰るため、親同士も互いに顔を合わせて謝ったりできるが、親の勤務がそれぞれ違う保育園ではできない。そうした対応ひとつとっても、まったく違う」と実感した。

自治体はスケールメリットを活かすと大規模化を推進しており、従来は七〇～八〇人の保育所が多かったが、こども園になってからは一五〇～一六〇人と倍近くの園児数になった。それでも、園庭は狭く、全員が外で遊ぶような場は確保されていない。四歳児クラスは二クラス編成で六〇人、五歳も同じで、四～五歳だけで一二〇人もいる。

「小学校でも一クラス三〇人。就学前の保育では二〇人をみるのが精いっぱいではないか。二五人も三〇人もいると、きちんと見きれず、誰かが大泣きし、じだんだを踏み、喧嘩が始まって保育にストップがかかってしまう。それなのに区は一クラス三五人を許可する条例を作ってしまった」と危機を感じている。

五歳の子が三〇人もいるなかで担任の先生は一人。「自分はこうしたいという思いを表現できるだろうか」という子どもに寄り添えない保育になることが、一番の心配だ。運動会や遠足、作品展などの行事が増えて、保育者は業務で目まぐるしい。常に二つ～三つの行事を並行して進めている。もし、本当は淋しかった子がいて、それに気づかないままでいると小学校で荒れるのではないか——。そんな思いでいっぱいだ。

にもかかわらず、以前は定員割れもあって三歳から保育所をやめて幼稚園にいくという保護者もいたが、幼保一元化してから、もっぱら「レベルが上がる」と見られて見学者や入園者が増えた。

秋に出産して悩む母たち

これまで見てきたように、保育が子育ての場でなく、「サービス産業」に組み込まれつつあるが、その是非はともかく、自分の子を預ける先がいったいどんな保育をしているか、それすら目を向ける余裕がない親が増えているのではないだろうか。

この冒頭で紹介した菅野さんのケースは、経済的な理由で労働時間を増やさなければならず、ワーク・ライフ・バランスが実現できずにいる。その一方で、世帯収入が安定していて母親が希望すれば十分な期間を育児休業に充てられ、職場復帰後も短時間勤務ができる職場環境にあっても、子育ての時間を奪われている現実もある。

「四月入園に申し込まなければ、保育園に入れなくなるかもしれない」

一〇～一二月頃に出産予定の女性たちが、大きなお腹を抱えて悩んでいた。待機児童の多い地域では、〇歳のうちに保育所に入っていないと、門戸が極めて狭くなる。そのため、年度始めの四月に入園するのがベストとなる。四月入園の申込みの締め切りは、一二月の終わりのため、出産前から保育所の下見、申請する書類の準備をして産後に提出するようになるが、一〇月生まれであれば、四月の時点で生後六か月、一一月生まれなら生後五か月。一二月ともなれば生後四か月ほどで、まだまだ〝乳飲み子〟の状態だ。そして、可愛い盛りの時期でもある。本来、育児休業は法定で一年あるいは一年半とることができる。公務員なら三年を育児に充てることもできるが、育児休業を取ってから一歳児クラスあるいは二歳児クラスですんなり入ることができる保証はない。

もし、枠があるとすれば、新しくできる保育所になるが、これまで記した通り、多くの新設の民間保育所の状況は、安心して預けることができるものとは言い難い。良いと思った保育所に入る確率を高めようと思えば、すぐに申し込まなければならない。産前から、そんな悩みを抱える女性は少なくない。

二〇一四年一〇月下旬に出産した女性は「産まれる月が四月や五月なら、ほぼ一年の育児休業を取れることになるため、こんなに悩まずに済んだのに」と悔しがっていた。さんざん悩みぬいた末に、「もしかしたら保育園に入れないかもしれないと思うと仕事が続けられない」と、四月入園の申請をしたという。

同じ時期に都内で第二子を出産する女性も、「きょうだい同一園になるかどうかは大きい」

と、頭を抱えていた。保育所を選ぶこともできない状況の待機児童が多い地域では、きょうだいが確実に同じ保育所に通うことができるとは言えない。別々の保育所になれば、送り迎えにかなりの時間を要する。第一子を希望どおりの良い保育所に預けられている人ほど、妹や弟も同じところに通わせたいと、入園の申込みをいつするか迷うところで、それは切実な問題だ。本来なら、育児休業が認められる期間で会社の理解があっても、保育を取り巻く状況がそれを許してくれない。

都内二三区で一二月に双子を出産した女性は、予定日二週間前という時でも保育所の情報収集に余念がなかった。「うちの区は、保育課に行ってもまったく相談にも乗ってくれず、どんな制度があるかも教えてくれない。まるで門前払いだった。これでは、本気で埼玉県の実家に移り住まなければ」と、焦っていた。マンションを購入していたが、夫は長時間労働でまったく当てにならない。その女性は、職場で初の妊娠・出産を経験するため、周囲にはまるで理解がない。産休を取ったことだけでも周囲に負担がかかり、生まれたらすぐにでも職場復帰しなければならない。仕事を再開すれば長時間労働は避けられず、「そもそも、子どもをちゃんと育てられるのか」と疑問さえ感じていた。しかも、高年齢出産の初産で双子だ。「お金ならいくらでも出して保育園に入れたいところだけれど、その保育園がない」と、通勤時間が倍以上かかるが、子どもが保育所に通う間は実家に戻ろうと考えている。

また、東北地方の中心都市に住むメーカー勤めの女性は「長く育児休業を取ると上の子が退園扱いになってしまう」と眉をひそめた。会社は育児休業を二年認めているが、第一子を出産した時は、生後六か月で職場復帰した。四〇歳近くになって第二子を授かり、「今度はじっくり赤ちゃんとの生活を味わいたい」と二年の育児休業を取ろうと計画したが、自治体窓口から「一年以内に復職しないと、上のお子さんは退園になります」と説明され、「機械的すぎる」と、憤りを隠せない。

都内の自営業の女性は、「二人目を産むと、生まれてすぐに自動的に保育園に預けなければならない」と矛盾を感じている。企業勤めなど雇用保険に加入している場合は育児・介護休業法に基づいて育児休暇をとることができるが、〝自営業〟の場合は雇用保険に加入していないため、育児休業の対象とならないからだ。もし、産後にしばらく休もうと思っても、それはあくまで「自己責任」となる。この女性は、フリーランスのデザイナーで「個人事業主」として働いているが、実態は企業のなかで正社員と同じように働いている。

本来、個人事業主でも正社員の四分の三の労働時間・労働日数の場合は使用関係が認められ、企業側が社会保険に加入しなければいけないが、その負担を嫌い企業側は「個人事業主だから国民年金や保険に入って」と、ごまかしていた。それでも、行政の区切りとしては「自営業」に当てはまるため、第二子の出産月をはさむ前後二か月ずつ(合計五か月)しか、すでに保育所に通っている第一子を預かってもらえず、もし、産後三か月以上の〝育児休業〟を取ろうとすれば、第一子は退園扱いとなるのだ。そうなれば、二人を改めて保育所に入れることができるかは不透明で、路頭に迷うことになる。

こうした〝なんちゃって自営業〟ともいえる女性は多いのではないだろうか。総務省の「就業構造基本調査」を見ると、二〇一四年の二〇〜四〇代の女性では合計四六万二五〇〇人が自営業主となっている。同調査について、総務省統計局は、「自営業主について店主や開業医、弁護士、工場主、農業生産者を想定しているが、本人の回答によるため、実態として雇用保険に加入すべき働き方のケースも含まれる可能性はある」としているため、実際にどの程度の人が〝なんちゃって自営業〟かの把握がなされていない。厚労省に聞いても、自営業で雇用保険に加入しているかどうかのデータはなかった。

ただ、女性の自営業主の内訳を見ると、「管理的職業従事者」は一万一八〇〇人と少なく、他は自営業といっても、仕事先の指示や監督の下にしていると思われる職業が多い。人数の多い順から、「サービス職業従事者」(三七万四一〇〇人)、「専門的・技術的職業従事者」(三一万九〇〇〇人)、「販売従事者」(二三万六七〇〇人)、「生産工程従事者」(二一万一四〇〇人)、「運搬・清掃・包装等従事者」(一二万二六〇〇人)などが主な職業となっている。女性の自営業が多い産業を見ても、「生活関連サービス業、娯楽業」「卸売業、小売業」「教育、学習支援」などのサービス関連業が多いことから、実際にはフルタイムの社員と同様の働き方をしている自営業は多いと推測される。

「自営業主」のうち現在の業を起こした「起業者」の割合は、女性の全年代で五〇・五%(約七四万人)ということから、逆に女性の約半数は起業的な立場ではない。「自営業主」と「会社などの役員」を合わせた「起業者」の内訳をみると、二〇~四〇代の女性で合計約二八万人と少なく、本当の意味での自営業の人数は限られるのではないか。

園児に母乳は贅沢なのか

共働きの時代、盲点のひとつになっているのが、保育所の入園早期化に伴う、「母乳育児の困難さ」ではないだろうか。望まない早期入園が、母乳育児の障壁になっている現実もある。待機児童の問題が深刻さを増すなかで、保育所入園の枠が椅子取りゲームと化しているため、職場復帰が早まり、生後わずか数か月で入園するケースは珍しくない。経済的に困窮していれ

表 4-2　第 1 子を出産後に育児休業を使って就業継続した割合

結婚年／子の出生年	第 1 子 前　後 (うち育児休業利用)		第 1 子妊娠前の従業上の地位					
			正規の職員		パート・派遣		自営業主・家族従業者・内職	
1985〜89 年	39.0	(9.3)	40.4	(13.0)	23.7	(2.2)	72.7	(3.0)
1990〜94 年	39.3	(13.0)	44.6	(19.9)	18.2	(0.5)	81.7	(4.3)
1995〜99 年	38.1	(17.6)	45.5	(27.8)	15.2	(0.8)	79.2	(0.0)
2000〜04 年	39.8	(22.0)	51.6	(37.0)	17.6	(2.0)	69.6	(2.2)
2005〜09 年	38.0	(24.2)	52.9	(43.1)	18.0	(4.0)	73.9	(4.3)

(注 1) 妊娠時に就業していた妻に占める，出産後に就業を継続していた妻の割合．( )内は育児休業制度を利用して就業を継続した割合を示す．

(注 2) 出産前後については，第 12 回〜第 14 回「出生動向基本調査」の，第 1 子が 1 歳以上 15 歳未満の夫婦を合わせて集計した(客体数 9,933)．

(出所) 国立社会保障・人口問題研究所「第 14 回出生動向基本調査」(2010 年)配布資料

ば早期復帰はなおさらだ。すると、母乳で育てたい時期、離乳食が始まらないうちにやむなく保育所に預けることになる。

国立社会保障・人口問題研究所の「第一四回出生動向基本調査」(二〇一〇年)によれば、二〇〇五〜〇九年に第一子を出産した女性の出産前後の就業状況は、育児休業を取って就業継続した人は全体で一七・一％、育児休業なしで就業継続した人は九・七％となっており、一〇人に一人は育児休業を取っていない。また、第一子妊娠前に「自営業主・家族従業者・内職」で育児休業制度を利用して就業を継続したのは四・三％に過ぎない。「パート・派遣」も四・〇％にとどまることから、母乳育児を続けにくい環境になっているのではないだろうか(表 4-2)。

厚労省によると、認可保育所に通う〇歳児は二〇一二年四月で約一一万人となっており、〇歳児人口の約一割を占めている。厚労省によると、「一九四八年頃に今の乳児保育に近いものがスタートしているが、国からの補助金は「三歳以下」という要件になっていて、〇歳がどのくらいいたか記載されている資料がない。労働基準法で母体が産後八週間（五六日）の休業のため、生後五七日目以降に「産休明け保育」が行われているが、何人が産休明けで預けられたか公の統計は国にはない」としている。ただ、産休明け保育が普及しないことから、九五年に「産休・育休明け入所予約モデル事業」が実施されたという。九八年には児童福祉施設最低基準の乳児の保育士定数が「六対一」から「三対一」に改正され、すべての保育所で乳児の受け入れが可能になった。

そのなかで、どのくらいの赤ちゃんが母乳で育っているかは分からないが、山梨大学大学院医学工学総合研究部社会医学講座の山縣然太朗教授の「次世代の健康に関する目標項目の評価法の開発に関する研究――二一世紀出生児縦断調査を用いた、健康格差に関する検討」によれば、「収入が低いと母乳育児率が低下する」という研究結果が示されている。「母乳を与えた・与えている」という割合は、母の年収が三八〇万円未満だと九一・五％で、年収が上がるにつれ比率が増加し、年収六九二万円以上だと九五・二％だった。

母乳には、赤ちゃんにとって必要な栄養はもちろん、粉ミルクには決してマネできない免疫機構を強くするための物資が多く含まれているため、病気にかかりにくくなる。下痢、消化器系感染症、気管支炎、肺炎、尿路感染症などの予防効果もある。母子の愛着形成にも良いと、WHO(世界保健機関)とユニセフでは、生後六か月間は母乳だけで育て、子どもが二歳かそれ以上になるまで母乳育児をすることを推奨している。母乳で育てたくても、母乳の分泌が良くないなど粉ミルクを使わざるを得ない場合もあるが、母乳を推進する産婦人科医や小児科医、助産師らは「母乳の出がわずかでも良い。たとえまったく出なくても、愛情をもって抱いて育てるということに意味がある」と口を揃える。

母乳の他のメリットとして、食物アレルギーを防ぐ、肥満リスクが低下する、知能指数(IQ)や神経の発達を高める効果などが科学的にも分かっている。母親にとっても閉経前の乳がん、卵巣がん、子宮体がんになる率を大きく低下させる。

また、母乳による経済効果について、母乳育児支援ネットワークがまとめた「世界母乳育児週間一九九八」には、海外の報告などが紹介されている。たとえば、米国では母乳育児支援を導入した企業で欠勤が二七%減り、健康保険で支払う費用が三六%減ったという。そして、一人の赤ちゃんに六か月間母乳育児をすれば、米国政府は福祉と医療にかける歳出を一人につき四〇〇〜八〇〇米ドル減らせるなどの効果があったとされている。

新生児医療の現場、ＮＩＣＵ（新生児集中治療室）でも、母子が離れて過ごさなければならないゆえに、母乳の役割を重要視している。青森県立中央病院の網塚貴介新生児科部長は、「母乳で育った早産児の回復は早く、在院日数が短い」と話す。ＮＩＣＵで母子が一緒にいる時間を長くできるよう取り組むと、母乳の分泌が良くなり、赤ちゃんが母乳で栄養をとりやすくなる。たとえば三五週で帝王切開によって生まれた二〇〇〇グラムほどの赤ちゃんが、母親と長く過ごし母乳だけで栄養をとると、一〇日もしないうちに元気になって退院できたケースもあったという。産科や小児科の医療関係者の間では、こうした母乳の良さを活かす取り組みがされているが、その先の保育所では母乳について勉強する機会がきわめて少ないのが現状だ。保育所に理解がなければ、母乳の良さを知り、できる限り母乳で育てたいという親の気持ちや、母乳で育てられることに安心を覚える赤ちゃんが置き去りにされてしまう。

第１章で紹介した牧野さんや小堀道子さんは保育所でも母乳をあげて欲しいと希望していたが、それが叶わなかった。

牧野さんの娘は一歳で入園した。牧野さんは母乳のメリットについて産前から調べて知識が豊富だったため、できるだけ長く母乳をあげ続けようと考えていた。娘も「おっぱい大好き」

な子だ。しかし、園長は母乳を嫌い、いまどき「虫歯の原因になりますし、子どものために一歳になったら母乳はやめたほうがいい」と主張する。園長が言っていることには根拠がなく、日本小児歯科学会では、歯磨きをしていれば母乳が原因で虫歯にはならないとしている。園長に反論しても「子どものために母乳は早くやめたほうがいい」と言われ続け、対立するだけだった。「もう離乳食の月齢に入っていることだし、これ以上、おっぱいの話をするのはやめておこう」と、保育所では麦茶を飲ませてもらった。

小堀さんの場合は、入園前の面談の時に「○歳で預けるため保育園でも母乳で育てたい」とお願いすると、保育所側からは「冷凍母乳を持参してもいい」と言われ、ほっとしていた。しかし、いざ入園式の日の個人面談の場になると「粉ミルクの練習をしてきてと言ったじゃないですか！」と叱られ、「冷凍母乳を持ってきていただいても、溶かすと再凍結できないので余るともったいないから粉ミルクにしてください」と言いくるめられた。小堀さんは母乳の分泌がよく、粉ミルクにする理由もなかったため悔しい思いをした。

保育所で粉ミルクの哺乳が始まると、娘はミルクを受けつけなかった。試しに小堀さんが家でミルクをあげてみると、あっという間に哺乳瓶は空になった。小堀さんは「保育士の哺乳の仕方が悪かったのではないか」と疑った。そのうち、保育士も粉ミルクをあげることを諦め

「そろそろ離乳食が始まるので麦茶で補いましょう」という方針になった。小堀さんには「先生は母乳を溶かしたりするのが、めんどくさかっただけなのではないか」と思えてならなかった。

保育士や母親への取材では、保育士に少なからず母乳を嫌う傾向があった。ある保育士は、一歳児クラスの子がまだおっぱいに吸いついていることを知ると、その親子に面と向かって「えー、まだオッパイ飲んでるのぉ。恥ずかしい〜」とひやかした。その母親は傷つき、子どもは顔を曇らせてうつむいてしまった。その保育士は、園児を「おっぱいっ子」と揶揄し、「おっぱいを飲んでいる子は、保育士になつかないから嫌なのよね」と母親に嫌味を言った。

母乳の知識

母親が保育所の見学に行って母乳の扱いについて聞くと、多くは「余るほど持ってくることができるなら対応します」という答えが返ってくるという。つまり、その時々で哺乳量にムラがある場合に母乳が足りないと保育士が困るため、余分に持ってきて欲しいというのだ。それを完全には否定できないが、働き始めると母乳の分泌が落ちるケースは多く、労働環境によっては、適当なタイミングで搾乳ができないこともあるため、「冷凍母乳を余るほど持ってこられればいい」というのは、そうした母親たちにとっては酷なことで、母乳か粉ミルクかの二者択一を迫る、いや、門前払いに等しい。

搾乳器など母乳育児関連商品を販売するメデラが二〇一五年三月に発表した「出産後の仕事復帰と母乳育児に関する調査」では、出産後一年六か月未満で仕事に復帰した女性の約半数が復帰後も母乳育児を継続していた。仕事復帰が母乳育児に与える影響として「復帰するか、断乳するかで悩んだ」が二三％、「復帰するために、仕方なく断乳した」が二〇％だった。また「母乳育児は続けたが、仕事中は母乳を与えてない」が七〇％に上った。「仕事中にも母乳を与えたかった」が六八％だったが、それが難しかった理由(複数回答)は「母乳の出る量が減ってしまった／母乳が出なくなってしまった」(三一％)、「職場で業務時間内にさく乳する時間がとれないと思った」(二九％)、「保育場所がさく乳した母乳を受け入れてくれなかった」(一四％)との回答もあった。また、六割の女性がトイレで搾乳していたということから、搾乳そのものへの職場の理解がなく冷凍母乳を余るほど持参する職場環境も整っていない問題がある。

冷凍母乳の使用・保管期限も保育所によって異なり、「前日に搾乳したものを日々持参して、余れば持ち帰ること」とする保育所もあれば、三日、一週間、二週間、一か月までなどまちまちとしている。ある民間保育所の看護師は「うちの保育園では、前日の母乳のみ受けつけているけど、実際、そんなことは難しいでしょうから、きっと搾乳した日をごまかして書いて持ってきているのではないか」と話す。

ちなみに、昭和大学病院小児科の滝元宏医師によれば、搾乳した母乳の保存期間は、新鮮母乳は室温二五℃で四時間未満、冷蔵庫(四℃)で八日未満、クーラーボックス(一五℃)で二四時間未満、二ドア冷蔵庫の冷凍庫(マイナス二〇℃)で一二か月未満、解凍母乳(四℃)で二四時間未満としている。もちろん、時間が経つにつれ栄養素は劣化するため、早いうちに使用するほうが良いが、きちんと専用パックに入れて保管して使う限りは、数か月のスパンであれば使用期限を厳格にしなくてもいいはずだ。保育所にそうした知識がなく、根拠のない慣例によって保存期限を区切ることでも、母乳育児を断念せざるを得ない親子をつくってしまう。

母乳について知識がなく、扱いに慣れていない保育士が〇歳児クラスを担当すると、哺乳が未経験で技術に乏しいケースも多い。乳首に慣れている乳児にとって、哺乳瓶は異物が口に入るのと変わらず、哺乳瓶をまったく受けつけない場合がある。その時、経験豊富な保育士であれば、スプーンやコップで母乳を口に含ませるが、ベテランがいなく若い保育士ばかりの現場であると「哺乳イコール哺乳瓶」としか頭にないため、いつまでも哺乳できずに終わってしまうケースもある。

さらに問題なのは、「欲しがる時にあげる」ということが原則の母乳育児に慣れてきた赤ちゃんが急に、他の赤ちゃんと同じ時刻によって哺乳を管理できない点がある。粉ミルクの場合、〝腹持ちが良い〟と言われることが多く、ある程度、決まった間隔での哺乳ができる。粉ミルクには母乳に近い栄養素が含まれているが、実際に胃に入ってからの吸収率に違いが出る。たとえば鉄分の吸収率は母乳が約五〇％であるのに対し、粉ミルクは一〇％以下となる。そのため、粉ミルクを飲むとカロリーだけが多めに摂取されることになるため、〝腹持ちが良い〟とされるだけなのだ。保育所では、粉ミルクに合わせて哺乳の時刻が定められているケースが多く、母乳を飲む子にとってはタイミングが合わずに、きちんと栄養を摂取できなくなってしまうことになる。

そして、飲む量も問題になる。粉ミルクで目安とされる「月齢イコール何ミリリットル飲む」とマニュアルどおりの理解に留まると、それが母乳では多すぎるケースがあるからだ。あるケースでは、子どもによって哺乳量に差があることが配慮されず、分泌が少ない母親がやっとの思いで搾乳した母乳を余分に解凍して、それを保育士がうまく哺乳してやることもできずに、余らせてしまって処分されてしまった。東北地方の女性は、「せっかく冷凍母乳を持っていっても、保育園では、いつも子どもがお腹を空かせて泣いている」と胸を痛めていた。牛の乳から人工的に作った粉ミルクよりも母乳は消化が良く、本来、ヒトの赤ちゃんは頻回授乳が必要になる。それは栄養面だけでなく、精神的な安らぎにもなっている。それを粉ミルクと同列に扱ってしまっては、哺乳はうまくいかなくなるのだ。

自治体によっては、母乳を拒否するケースまで見られる。鳥取市はホームページのなかで市民からの「市立保育園の冷凍母乳受け入れについて」という問い合わせに対し、「冷凍母乳の使用は控えさせていただいております」(二〇一四年六月二日の受付)と明記している。福岡県内のある認可保育所ではホームページで「冷凍母乳:不可能。母乳は母親が直接授乳するのが原則です。保護者の要望によってミルクは選択できます」とバッサリ。他のある民間の認可保育所では「母乳を冷凍後二四時間以内のものを日々受け入れ扱う。実施期間は生後四~五か月まで」とホームページで注意書きをしている。

預かる側の保育所も預ける側の母親も、保育所が母乳を「許可する」ように受けとっているが、これは実は間違いである。児童福祉法に基づく「保育所保育指針」や食育推進基本法に基づく「食育推進基本計画」の「保育所における食育に関する指針」では、冷凍母乳による栄養法の配慮を行い、受け入れ体制を整え母乳育児の継続を支援できるように配慮するよう記されており、それが周知徹底されていないことが問題の根底にある。

表 4-3　チリの全国保育園連盟(JUNJI)が作った「母乳育児にやさしい保育園のための 10 か条」

1.	託児所や保育園の年間計画に，例外なく，母乳育児についてのテーマを組み入れるようにしましょう．
2.	すべての職員が研修を受け，母乳育児を推進し支援する活動の即戦力になれるようにしましょう．
3.	入園・入所している子どもの家族すべてに，母乳育児の利点を知らせましょう．
4.	妊娠中の女性，授乳中の母親，そして母乳育児に関心のありそうな家族との教育的活動を活発にしましょう．
5.	母乳育児について，子どもが参加できるような学習体験を促しましょう．
6.	保育園や託児所で母乳育児が続けられるように支援しましょう．
7.	赤ちゃんが6か月までは母乳だけで育てられるように推進しましょう．
8.	おしゃぶりを使わないようにしましょう．
9.	教育関係者(親，教職員，管理者，保育者など)が協働して母乳育児支援グループを作るように推進しましょう．
10.	保健所や地域の活動団体と協力して，母乳育児や乳児栄養に関する合同イベントを進めましょう．

(出所) 母乳育児支援ネットワーク HP より

母乳育児支援ネットワークによれば、チリの全国保育園連盟(JUNJI)が「母乳育児にやさしい保育園のための一〇か条」を作って、赤ちゃんにやさしい保育所作りを盛り上げているという。具体的には、①託児所や保育所の年間計画に、例外なく、母乳育児についてのテーマを組み入れましょう、②すべての職員が研修を受け、母乳育児を推進し支援する活動の即戦力になれるようにしましょう、③入園・入所している子どもの家族すべてに、母乳育児の利点を知らせましょう――など(表4-3)。現在、医療界では、産婦人科や小児科が中心になって母乳育児の推進を図っており、保育所にもどうつながるかが注目されている。

昭和大学病院の滝医師は「保育者や保育場所に慣れて、信頼関係を作ることが大切で、赤ちゃんが安心すると飲めることが多い。最初は、慣らし保育で二～三時間預け、送迎時に保育所で直接授乳するといった段階を踏むとよく、子どもの空腹のタイミングに合わせ、哺乳瓶以外のコップなども試すこと」とアドバイスする。また、母乳分泌を維持していく適切な搾乳のタイミングについて、預ける時間が四時間未満であれば搾乳は不要、四～六時間なら途中で一回の搾乳、八時間以上では三時間ごとに搾乳することが望ましいとしている。そして滝医師は「働き始めると授乳のペースが変わることがある。昼間、母親と離れることで、夜間に母乳を飲みたがるようになり、子どもの睡眠パターンが変わることもあり、忙しい帰宅時や朝に何度もおっぱいを吸いたがる場合があるため、家事より子どものニーズを優先できるように家庭内の家事の分担を再調整することが重要だ」と指摘している。

横浜市にある、ぽかぽか保育園では、母親は預ける時やお迎え時に時間に余裕があれば、ごく自然にその場で授乳していくという。多くの母親にとって「働くイコール預けるイコール母乳育児を諦める」という選択しかないような状況で、同保育所では母乳哺育や母乳育児支援を積極的にすすめている。それというのも、母体が助産院だからだ。

保育所から歩いてすぐのところに、みやした助産院があり、宮下美代子院長が「うむまえ、うむとき、うんだあと。」を合言葉に女性の一生に寄り添った支援を行うと、NPO法人WOOMOOを設立し、二〇一二年に横浜市家庭的保育事業として保育所運営がスタートした。母乳哺育はもちろんのこと、助産院との協働で園児の母親に対して母乳育児の相談や、母乳のケアも行っている。助産院でのマタニティ・産後ヨガ教室などイベント開催時の保育所での一時預かりも行う。宮下院長は保育所の設立の経緯について、こう語る。

「保育士は、子どもについては見ているが、母の声を拾わないことが多い。私たち助産師にとっては、母子をセットでケアすることは当たり前だ。授乳をサポートする時に母と子は切り離せない。母が寝ていない、疲れている、辛い、といった時に、その気持ちを受け止めなければ育児に影響する。母の状態は子に返る。母に優しい保育園を作らないと、子どもにも優しくなれなくなるのではないか。母を第一に考えて対応し、ケアできる保育園であれば、子どもも幸せになる。ここをきちんと見ることができれば、保育士も専門職として面白みがでるはずだ」

ぽかぽか保育園にはベテランの保育士が揃う。千葉明子園長は、もともとは自身の出産をきっかけに宮下院長と知り合った。

「保育園に通うことは母子分離を意味し、子どもも戸惑う。最初は哺乳瓶を嫌がっても、何日かかけてスプーンやコップなども試し、保育士と子どもに信頼関係ができると飲めるようになる。保育園は乳幼児の生活の一部の場所。母親にとっても、送り迎えの時に授乳しながら、他の子がどんな様子かを見ることができるため安心材料になる。母親が母親として育つのも子どもが〇歳のうちが大きい。保育士には母親の気持ちに寄り添い、家族支援する役割がある」(千葉園長)

一般的に〇~一歳の保育経験がある保育士は多くはない。保育士は小児栄養については勉強していても、母乳について知る機会が乏しく、WHOやユニセフが母乳育児を推進していることを知らずに、「一歳になればおっぱいをあげない」と刷り込まれやすい。母乳のメリットについては多くのデータの蓄積があるが、そうした知識が保育士になければ、「母乳は母親のこだわり」となってしまい、母と子が我慢することになる。

ぽかぽか保育園では、そのような状態を少しでも変えていきたいと活動している。千葉園長は、「母乳で子どもが育つというのは自然なこと。保育士にとっても、この泣き方はお腹が空いているのだろうというタイミングがぴったり合った時は、やりがいを感じるものだ。個々の赤ちゃんの様子を見ながら行う母乳哺育の実践の積み重ねは、子どもを見る目を養い、保育のプロとしての意識を高めるはずだ。そこが象徴する、おっぱいの対応ひとつとってみても、どんな保育をしているのか全体像が分かる」と見ている。

そして、宮下院長は「待機児童の多い現在、必ずしも希望した保育園に入ることはできない。その時、母乳哺育についても分かる人だけが実践できるのではいけない。〇歳保育が増えているなか、保育の質を保つには、保育士養成機関で母乳や授乳など乳児についてのカリキュラムがきちんと実施されるように教育体制を見直すべきだ」と強く訴える。

親の願いは、ニコニコした笑顔で優しい保育士が子どもの発達をみてくれることに尽きるだろう。授乳は遊びや発達の原点であるはず。保育士にとっても「保育所では私がお母さんのかわり」と最も感じる瞬間が、母乳哺育にあるのではないだろうか。

母乳と離乳食の関係にも知られざる情報がある。「かながわ母乳の会」が二〇一四年六月に行った、離乳食についての講座が話題を呼んだ。新生児科医として約五〇年のキャリアがある聖マリアンナ医科大学の堀内 勁《たけし》名誉教授は、生後に母乳で育った赤ちゃんと粉ミルクで育った赤ちゃんは離乳食の嗜好が違うことを指摘した。

母乳を飲むには乳輪の境界付近にある乳管の集合部あたりを歯茎で圧迫して乳汁を絞り出し、舌を使って飲み込む運動をするため咀嚼筋運動をして噛む力や顎の発達が良くなる。母乳で育った子は、絶えず、乳首や乳房の感触を口中で楽しみながら口内感覚を育てているため、「離乳食のお手本」とされているような、初期に出されるどろどろのペースト状のものを嫌い、それを強制されると丸呑みするようになるという。

堀内名誉教授は「母乳で育った子がマニュアル通りの離乳食を強制されると、楽しくはなく、侵入的介入ととらえて否定的な感情が高まってしまう。そのため、初期の離乳食は、母の乳首の硬さくらいのものがよく、大人と同じものでも構わない」としている。講座に参加した保育所勤務の栄養士は「母乳で育った子が離乳食を食べなかった理由が分かり、目から鱗が落ちた」と話した。

共働き世帯が増加するなかで、大人のワーク・ライフ・バランスが重要になるが、一日の多くの時間を保育所で過ごす子どもにとってのＱＯＬ(生活の質)は、保育所のなかにある。大人の都合に振り回されずに乳幼児期を過ごすことができるように、改めて、子どもを中心に考えた保育の体制を考える時期に来ているのではないだろうか。

第5章

改めて保育の意味を考える

これまで見てきたように、保育の現場は崩壊しつつある。その根本的な原因は、この国が保育についてきちんと予算を投じていないことにある。いったい、保育が、子どもの価値がどう位置づけられているのか。予算を見れば一目瞭然だ。終章では、なぜ保育の質が低下するのか、なぜ保育士が疲弊し辞めていくのかという構造問題について改めて考えたい。そして、厳しい現状のなかでも良い保育の実現に向けて取り組む現場を紹介し、希望の道筋を見出したい。

人気取りの待機児童解消

国も自治体も保育所を作りたくないから育児休業制度が拡充されたのだろう、という説がある。

一九九一年に成立し、翌年から施行された育児・介護休業法は、改正されるたびに内容が拡充した。最も大きかったのは二〇〇五年の改正で、ここで、一年だった育児休業の期間が、やむを得ない場合一年半に延長され、対象労働者に非正社員（期間雇用）が含まれるようになったのだ。この拡充自体は歓迎すべきものであるが、業界関係者の間では「コストのかかる保育所を作りたくないから、家で見てもらうよう育児休業拡充に逃げた」との見方がもっぱらだ。研究者の間でも「保育所を作れば作るほど、潜在化していた待機児童の利用が出てくるため解消はしない。いくら作ってもキリがない」と冷ややかなことが多かった。

安倍晋三首相は、二〇一三年四月の「成長戦略スピーチ」のなかで、成長戦略の中核である「女性の活躍」に触れた時、「三年間抱っこし放題での職場復帰支援」と言って、民間企業の育児休業を現行の一年（場合によっては一年半）から三年に拡大させようとした。まさに、待機児童の多い年齢は家庭で、という発想の裏返しもあったかもしれない。

安倍政権の「待機児童解消加速化プラン」では、二〇一七年度末までに四〇万人の保育の受け皿を作って待機児童を解消するという。つまり、待機児童の数を四〇万人と踏んでいるということだ。一方で、保育所の潜在需要は約八五万人と言われているが、果たしてこれらの数字はどのくらい正確なのだろうか。

「就業構造基本調査」統計を見てみよう。同調査で、過去五年間に「出産・育児のために前職を離職した者」が一二五万六〇〇〇人にも上ることが分かる。また、離職者のうち、女性の年齢階級別の非求職理由が「出産・育児のため」である数を見ると、一五〜三九歳で合計九五万三四〇〇人となっている。二五〜三九歳では非求職者のうち六〜七割が出産・育児を理由としている。

そして未就学児の育児をしている就業者で二五〜四四歳の女性は三一〇万六三〇〇人に上る。そのうち、働き続けることを希望している人が大多数で、「就業休止希望者」は六万四〇〇〇人しかいない。単純計算でも、育児中で仕事を辞めたいと思っている女性は二％しかいないことになる。女性だけでも三〇〇万人以上が育児をしながら働き続けたいと思っているのだ。保育の潜在需要は計り知れないだろう。現状では、保育所がまるで足りないのだ。

二〇一三年の春、それを表すかのような出来事が起こった。保育所に入園できずに困り果てた母親ら自らが立ち上がり、「保育園一揆」と呼ばれる行動を起こした。東京都杉並区で「保育園ふやし隊@杉並」が結成され、入園できなかったことに対して、行政に異議申し立てを行った。この時、区内で、希望したにもかかわらず保育所に入れなかった子どもは半数を超えた。

そうした動きがマスコミでも大きく取り上げられるなど、待機児童問題が社会問題化して注目を浴びるようになると、〝政治屋〟の出番がくる。まるで人気をとるかのように国を挙げての待機児童解消が急速に進められたのだ。

安倍政権の「待機児童解消加速化プラン」では、二〇一七年度末までの待機児童の解消を目指しており、一三、一四年度が「緊急集中取組期間」とされ、約二〇万人分の保育を整備、一五、一六年度は「取組加速期間」として、合計で約四〇万人の保育を達成する見込みだ。今後の柱となるのが、小規模保育施設などの新設で〇～二歳の待機児童を解消、認定こども園制度の改善などが挙げられている。

なかでも、安倍内閣では民間に頼る「横浜方式」を推進している。横浜市は待機児童数で全国でも悪いほうだったが、二〇一〇年から三年間で民間企業の参入によって約一万人分の保育の受け皿を整備した。待機児童については、定義を変えるなどの方法で少なく見積もることができるため、正確なところは分からないが、横浜市では待機児童が〝ゼロ〟となった。認可された民間の事業者が行う保育の質を行政がきちんとチェックすることもないなか、保育の世界にまるで公共事業のように税金がばらまかれ、そのうま味に便乗して利益を得ようとする民間が雨後の竹の子のように出現しているではないか。その中でこれまで記したように、急速な民間企業の拡大・参入がもたらした弊害は大きすぎる。

消費税バーターというやり方

そもそも、この国はいったい、どのくらいの保育の予算を組んでいるのか。

保育所を管轄する厚労省の二〇一五年度の予算案(一般会計)は、二九兆九一四六億円となっており、前年度と比べ八六九三億円増えている。予算全体のうち、年金が一一兆一〇〇〇億円(全体の三七・五%)、医療が一一兆五〇〇〇億円(同三九%)、介護が二兆八〇〇〇億円(同九・四%)となっており、保育予算が含まれる「福祉等」の予算は四兆円(同一三・五%)に過ぎない。

厚労省や内閣府を含めた国全体の予算としては、「子ども・子育て支援新制度の実施と待機児童解消に向けた取組」があり、二〇一五年度で合計二兆二二九四億円となる。一五年度の一般会計の歳出総額は九六兆三四二〇億円ということから、保育関連の予算は国家予算の全体から見ると、わずか二・三%に過ぎない。

ただ、この予算には児童手当などの予算も入っている。実質的な保育の予算としては、保育運営費(新制度では公定価格と呼ばれる)に関する国と地方を合わせた四八四四億円、国だけでいえば二一九五億円の予算しか計上されていないことになり、そう考えれば、国家予算に対して国と地方で〇・五%、国だけでは〇・二%しかないのだ。

そうしたなかで、財源不足を理由に消費税を一〇%に上げ、その分を子育て支援に回すことが強調され、消費税が増税された。まず八%への増税が実施され、その増税分で八兆二〇〇〇億円の増収となったが、そのなかから充てられる「社会保障の充実」への予算は全体で一兆三五〇〇億円しかないのだ。さらに、ふたを開けてみれば、最終的に子育てに関する「子ども・子育て支援の充実」を見ると、市町村の計画の実現に必要な「量的拡充」に加え、「〇・七兆円」ベースの「質の改善」をすべて実施するため、たったの約五一〇〇億円しか配分されないのだ。このことで、子育て関係者はこぞって「消費税一〇%を」と言っている、いや、言わされている格好だ。

この「社会保障の充実」には保育に関する三つの柱があり、①子ども・子育て支援新制度の実施に四八四四億円(国は二一九五億円、地方が二六四九億円)、②社会的養護の充実に二八三億円(国は一四二億円、地方が一四二億円)、③育児休業中の経済的支援の強化に六二億円(国は五六億円、地方が六億円)という内訳になっている。

国費二一九五億円が計上される「子ども・子育て支援の充実」のなかには、多くの項目がある。認定こども園や幼稚園、保育所、家庭的保育や小規模保育などの委託費や給付金を賄い、一時預かり、ファミリー・サポート・センター事業、病児・病後児保育も含まれる。さらに、「質の改善」として、①三歳児に対する職員の配置を現行の二〇対一から一五対一に引き上げる、②保育所の職員給与を平均三%相当改善、③保育標準時間認定に対応した職員配置の改善、④小規模保育等の職員加配、⑤減価償却費、賃借料等への対応、⑥研修機会の充実(代替要員(二日)の配置)、⑦病児保育事業の補助単価の改善――なども賄わなければならない。

肝心の保育士の処遇改善について予算の項目を見ていくと、厚労省の出す資料に具体的な記載はない。内閣府の保育緊急確保事業で、保育士の処遇改善(二七五億円)、保育体制の強化(三六億円)に必要な経費が概算要求されるとある。厚労省の保育課に尋ねると「保育士の処遇改善についての予算の合計金額は公表していない」としており、いったい、どれだけの予算が投入され、改善されるかが分からないのだ。

さらに、前述した「質の改善」の予算は、あくまで「消費増税分の〇・七兆円の範囲内での実施」とされており、それ以上の改善を求めるのであれば、さらなる消費税増税が暗黙のうちにバーターにされている。

厚労省は、たとえば二〇一四年度は民間施設給与等改善費（民改費）を基礎に、勤続年数に応じて、四〜一二％の四段階の加算を行い、その上乗せ相当額を保育所運営費とは別に保育士等処遇改善臨時特例事業として、各保育所に補助金を交付していた。これによって、保育士の処遇が約三％、月額当たりで約八〇〇〇円が改善されたという。公務員給与の改訂による影響では、年収で二％、月額二〇四〇円が改善されたが、焼石に水ではないだろうか。

二〇一五年度からは、補助金はなくなって保育運営費の単価が「公定価格」として改訂された。そのなかに、処遇改善等の加算ができたが、その資料のなかにも「消費税増税分の〇・七兆円の範囲で実施する」と明記されている。厚労省では、一七年度末で保育士が約七万人不足すると試算しているが、それを実現できるだけの処遇は改善されるのだろうか。

二〇〇八年の民主党政権下、第二次補正予算で「子どものためだけに使う予算」として「安心こども基金」が作られた。一年ごとに財務省の判断で基金の積み増しや延長が決定され、主に厚労省が予算を組んで、地方に配分されている。使途としては、老朽化した民間保育所の建て替えや、保育士確保のための事業などが挙げられる。この基金は、厚労省の分だけで、一四年度当初予算までの間に合計で約七九八〇億円となっている。一五年度末の残高は約一五〇〇億円、そこへ一四年度も積み増しが決定されて約一三〇一億円が投入された。これからまさに保育士の量的確保はもちろん質の向上を目指さなければならないという時だが、一五年度は期間の延長はされたが基金の積み増しはされず、これまでの残高を食いつぶすようになる。

新制度は始まったが

二〇一五年度は保育業界にとっては激変の年となる。国が「子ども・子育て支援新制度」をスタートさせ、保育の認定や保育料、保育所運営のスタイルまで、がらっと変わることになった。既存の幼稚園や保育所に加え、認定こども園の普及も図る。「親の就労に関係なく子ども

C 型：家庭的保育（グループ型小

保育室等	給食
0・1 歳児： 1 人当たり 3.3 m² 2 歳児： 1 人当たり 1.98 m²	・自園調理 （連携施設等からの搬入可） ・調理設備 ・調理員(3)
0〜2 歳児： 1 人当たり 3.3 m²	
0〜2 歳児： 1 人当たり 3.3 m²	
B 型の基準と同様	
—	—
0・1 歳児 乳児室： 1 人当たり 1.65 m² ほふく室： 1 人当たり 3.3 m² 2 歳児以上： 1 人当たり 1.98 m²	・自園調理 ＊公立は外部搬入可（特区） ・調理室 ・調理員

上の知識及び経験を有すると市町村

家庭的保育補助者を置き，調理を担

援新制度ハンドブック』

表 5-1　地域型保育事業の認可基準

A 型：保育所分園，ミニ保育所に近い類型　B 型：中間型
規模保育）に近い類型

事業類型		職員数	職員資格
小規模保育事業	A型	保育所の配置基準＋1 名	保育士(1)
	B型	保育所の配置基準＋1 名	1/2 以上が保育士(1) ※保育士以外には研修を実施
	C型	0〜2 歳児　3：1（補助者を置く場合，5：2）	家庭的保育者(2)
家庭的保育事業		0〜2 歳児　3：1（家庭的保育補助者を置く場合，5：2）	家庭的保育者(2)（＋家庭的保育補助者）
事業所内保育事業		定員 20 名以上…保育所の基準と同様 定員 19 名以下…小規模保育事業 A 型，	
居宅訪問型保育事業		0〜2 歳児　1：1	必要な研修を修了し，保育士，保育士と同等以上の知識及び経験を有すると市町村長が認める者

（参考）

保育所	0 歳児　3：1 1・2 歳児　6：1	保育士(1)

（注 1）保健師又は看護師の特例有り．
（注 2）市町村長が行う研修を修了した保育士，保育士と同等以
長が認める者．
（注 3）家庭的保育事業の調理員については，3 人以下の場合，
当することも認められている．
（出所）内閣府・文部科学省・厚生労働省『子ども・子育て支

に保育と教育を」が掲げられているが、現場も親も大混乱となっている。

従来型の保育所のほか、待機児童が多い〇～二歳のために、①家庭的保育(保育ママ)、②小規模保育(定員六～一九人)A型、B型、C型、③事業所内保育、④居宅訪問型保育を増やす方針だ。ただ、小規模保育A型以外は職員の資格は全員に保育士資格がなくても構わない点で、大きな規制緩和がされている。家庭的保育事業では、「家庭的保育者」として市町村長が行う研修を修了した者で良いとされる。小規模保育のA型は保育所の分園やミニ保育所に近い類型となり、保育士資格を要する。中間型のB型は保育士が二分の一以上、家庭的保育に近いC型も「家庭的保育者」で良い(表5-1)。

この家庭的保育者は、いったんは「准保育士」制度の創設として議論されて物議をかもしたのだが、最終的に国は、子ども・子育て支援新制度のスタートとともに、保育者の確保を狙って「子育て支援員」制度を発足させた。厚労省のカリキュラムに従って、自治体が基本研修八時間に分野ごとの専門研修を行う。保育士不足のなかで、保育者の階層化が進むことになる。

乳幼児のなかでも〇歳の保育は歴史が浅く、産休明けや育児休業明けの一歳前後の保育でさえも、一九九五年度に厚生労働省がモデル事業を行ってやっと普及し始めた経緯がある。国家資格のある保育士でさえも、乳児の保育について未成熟なことが少なくないなかで、新制度では〇～二歳をみる小規模な保育所が増えるが、本当に保育の質が保てるのだろうか。

補助金の構造問題

そもそも保育士の処遇が改善されない根本原因には、補助金の問題が置き去りにされてきた背景がある。福祉保育労では、保育士の処遇が改善されない根本原因は、「運営費(補助金)の人件費部分の積算基準が低く押さえられたままであること」と「現場の実態にあわない不十分な職員配置基準」の二点であると指摘している。だから、早朝や延長の時間帯の体制が手薄になるのだ。保育士の配置は、各年齢の児童数をそれぞれの基準で除し、まず小数点第二位以下は切り捨てられる。そして小数点一位までを合計し、さらに小数点は四捨五入される。そのため、たとえば必要な保育士の最終的な数が八・五人であれば九人が配置されることになるが、八・四人であれば八人で良いとされてしまう問題もある。第3章で指摘したように、数合わせの合同保育となって、本来のその年齢の最低基準すら守れなくなるのだ。

福祉保育労では、配置基準の引き上げについて、〇歳は「子ども二人に対して保育士一人」(現行は「三対一」)、一歳は「三対一」(同「六対一」)、二歳は「五対一」(同「六対一」)、三歳は「一〇対一」(同「二〇対一」ただし、「一五対一」に引き上げ予定)、四〜五歳は「一五対一」(同「三〇対一」)が必要だと提案している。

保育園を考える親の会の『一〇〇都市保育力充実度チェック』(二〇一四年度版)では、保育士の人員配置について、国の基準に上乗せしている自治体として、定数保育士のみに着目した比較として、二〇一一〜一四年に新たに上乗せをした市が五市(野田市、川越市、富士見市、横須賀市、北九州市)としている。また、逆に上乗せを削った市が六市(東村山市、春日部市、佐倉市、野田市、仙台市、大阪市)だった。

また、二〇〇〇年頃からの保育所の運営に関する規制緩和や地方への一般財源化の過程では、必要な補助金も廃止された。第2章で保育士の母性保護が守られない問題を指摘したが、実は、厚生労働省は一九六二年から児童福祉施設で働く職員が産休などを取った場合に代替職員制度を実施してきた。保育士が産休を取れば、代わりに職員を配置する補助金が出たが、〇五年度から同制度が一般財源化されたことで、〇四年度をもって廃止されてしまった。各自治体が独自に補助金を整えていればいいが、国が責任をもって保育士の母性保護に努めない限り、第2章のようなマタハラによる離職が止まるはずがない(表5-2)。

第3章でも示したように、保育予算が一般財源化したことの負の影響は大きい。そこへ、規

表5-2　保育所の運営に関する規制緩和などの流れ

1980年代
保育予算が毎年削減される(82〜84年)
保育予算の国庫負担率が8割から7割へカット(85年)
国庫負担率が5割へカット(86年)
補助金カット一括法成立で国庫負担率5割が恒久化(89年)
1990年代
児童福祉法の改正で措置制度の廃止(97年)
調理業務外部委託化(98年)
保育所定員の弾力化(98年)
2000年代
保育所の設置主体に株式会社が参入(00年)
保育所運営費の弾力運用が認められる(00年)
東京都の認証保育所，横浜市の横浜保育室がスタート(01年)
「規制改革推進3か年計画」によって公立保育所の民間委託が進む(01年)
園庭がなくても認可保育所の設置が可能になる(01年)
防火・避難基準の緩和で2階に設置される基準が準耐火建設物に引き下げ(02年)
保育士配置の最低基準緩和で短時間勤務者でも可能に(02年)
公立保育所運営費の一般財源化(04年)
一般財源化に伴い産休等代替職員制度の廃止(05年)
認定こども園法成立(06年)
児童福祉法改正で家庭的保育事業，一時預かり事業など法制化(08年)
「子ども・子育て新システムの基本制度案要綱」で幼保一元化，直接契約，保育の市場化，産業化の方針が決まる(10年)
最低基準改正で3歳以上の給食の外部搬入を容認(10年)
国の最低基準を地方の条例化(12年)

(出所)『保育白書』,「保育分野の規制緩和と行革の行方」(鈴木尚子)や厚生労働省の資料を基に筆者作成

制緩和が行われては、まさに地方行政としての保育が食い物にされるだけだ。よほど善良な自治体と事業主でなければ、瞬く間に保育士の人件費が削減されて保育が劣化する。質の改善については、保育所が適正な運営がされているかを把握確認するための、第三者評価が義務づけられてはいない問題もある。全国社会福祉協議会の調べでは、保育所の受審率は二〇一二年度でたった四・三四%と水準が低い。

NPO法人ふれあいの家—おばちゃんち(東京都品川区)の幾島博子代表理事は、「利益を求める株式会社が保育を行うのは危険を感じる」と懐疑的だ。それは、たとえば夜間保育などの利用についても官民の差が出るという。

「品川区には二二時まで空いている保育園もあり、親としては助かる。子どもの側から考えれば、二二時まで保育園で過ごすのではなく、早くお迎えに来てもらったほうが良いし、親だって、好んで遅くなるわけではない。ある公立保育園では、保護者に「何か工夫できないか一緒に考えましょう」と提案すると、それをきっかけに、徐々に夜間保育を利用する時間が短くなったという。これは、公立ならではのことのように思う。しかし、これが民間であると、その親子にとって最善の環境を作ろうとすることより企業の利益を上げることを優先させる危険性があるのではないか」

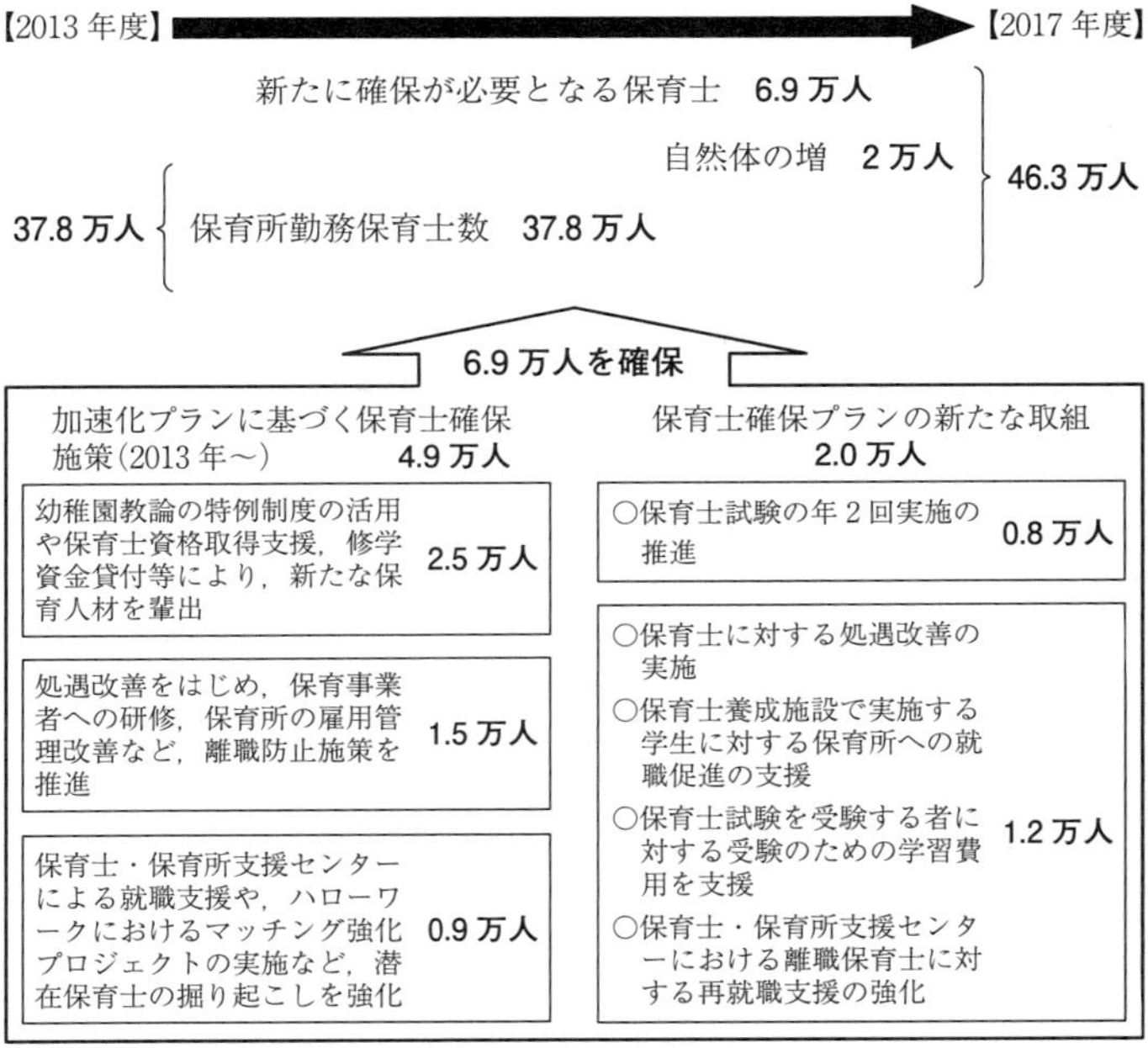
【2013年度】
【2017年度】
新たに確保が必要となる保育士　6.9万人
自然体の増　2万人
46.3万人
37.8万人
保育所勤務保育士数　37.8万人
6.9万人を確保
加速化プランに基づく保育士確保施策(2013年〜)　4.9万人
幼稚園教論の特例制度の活用や保育士資格取得支援，修学資金貸付等により，新たな保育人材を輩出　2.5万人
処遇改善をはじめ，保育事業者への研修，保育所の雇用管理改善など，離職防止施策を推進　1.5万人
保育士・保育所支援センターによる就職支援や，ハローワークにおけるマッチング強化プロジェクトの実施など，潜在保育士の掘り起こしを強化　0.9万人
保育士確保プランの新たな取組　2.0万人
○保育士試験の年2回実施の推進　0.8万人
○保育士に対する処遇改善の実施
○保育士養成施設で実施する学生に対する保育所への就職促進の支援
○保育士試験を受験する者に対する受験のための学習費用を支援
○保育士・保育所支援センターにおける離職保育士に対する再就職支援の強化
1.2万人

図5-1　政府の保育士確保のための取組

（出所）厚生労働省「保育士確保プラン」(同省HP)より

保育園を考える親の会では、「子どもたちのために民営化に求められる最低条件一〇か条」をつくり提言している。主な内容として、一人ひとりの子どもの発達を尊重し支援する保育が実行できる質を備えること、民営化によって自治体が軽減したコストは認可保育所の拡充のために使うこと、人件費の極端な削減は質の低下につながることを念頭に入れること、事業者の選定を適正に行うこと――な

どが挙げられている。

OECDは、規制を強化すべき

『OECD保育白書』には、多くのOECD(経済協力開発機構)諸国で三歳未満児のための保育の規制レベルが弱いことへの懸念が生じていると記されている。多くの国では、大部分が今もって無認可で、世話をする子どもの数の法的な制約以外には認可要件を満たさないまま野放しに事業が行われているという。幼い子どもの大部分が、公的な幼児教育が始まる前に無認可あるいは認可条件の低い場に施設を置いている国では、規制の脆弱さが特に懸念されるとしている。まさに、日本がこれに当てはまらないか。そして、OECDでは、家庭的保育の組織化の改善として、詳細で規制の強い枠組みが、多くの国で実効力を上げていると指摘している。つまり、世界的には、子どものウェルビーイング(良好な状態)のために規制を強化すべきという見方をしているのだが、日本はまるで逆を行っている。

第3章で登場した横浜市の古谷市議は、「これだけ株式会社が参入してしまった現状を考えると、行政は運営費の使途について、きちんと子どものために費用が使われたのか厳密なチェックをすべきだ。保育は「荷物預かり」ではない。子どもの育つ環境を整え、保育所の質について高い水準を守らなければならない。なぜ幼稚園には設置基準に厳しい規制がある一方で保育所はどんどん規制が取り払われているのか」と問いかける。

文科省の「幼稚園施設整備指針」から抜粋すると、第一章の総則のなかで「幼児が自然環境と触れ合いながら様々な体験をすることができるように配慮するとともに、施設自体が環境教育の教材として活用されるよう計画することが望ましい」とされ、施設計画を示す第二章では、安全な環境として、自然災害はもちろん「保育に支障を及ぼし、幼児等の健康や安全を損なうような騒音、振動、臭気等を発生する事業所や車の出入りの頻繁な施設等が周辺に立地していないことが重要」、健康で文化的な環境として「良好な日照、空気および水を得ることができること」「見晴らしや景観が良く、近隣に緑地、公園、文化的な施設があること」などがうたわれている。一方の保育所は、日も当たらず園庭もないビル内や高架下にも設置が認められている。そして、幼稚園や認定こども園には株式会社の参入は認められていない。新制度の下では、これまで株式会社の参入に慎重だった自治体の裁量がなくなり、保育所への企業参入は加速するだろう。同じ子どもであるはずなのに、これだけ差があっていいのだろうか。

親が働き、子どもが安心して保育を受けられる権利は、そもそも憲法で保障されている。第二七条ですべての国民に勤労の権利と義務を認めている。そして、子どもにとっては、第一一条の基本的人権、第一三条による個人として尊重され、生命、自由および幸福を追求する権利があり、第一四条ではすべての国民が法の下に平等であることが示され、第二五条ではすべての国民が健康で文化的な最低限度の生活を営む権利があるとされている。そして、第二六条では、能力に応じてひとしく教育を受ける権利があるとうたっている。

今の保育の現状が、これらを約束するものとなっているだろうか。保育の現場で子どもを守るのは保育士となるが、その保育士が尊重されなければ、子どもの人権が守られるはずがない。

声をあげる現場

このような状況のなかで、保育士自らが声をあげている。

毎年一一月、国会議事堂や厚生労働省の近くにある日比谷野外音楽堂には、会場定員三〇〇〇人を埋め尽くす保育関係者が結集している。全国保育団体連絡会、日本自治体労働組合総連合、全国福祉保育労働組合、新日本婦人の会が主催して大規模な保育集会が行われている。二〇一四年、「子どもたちによりよい保育を！ 11・3大集会」に取材に行くと、全国から集まった保育士らが各地の切実な労働問題や保育の状況を訴えていた。子育て中の保育士で子連れでの参加も多く、子どもたちは会場を走り回り、ゲラゲラと笑い声が聞こえた。

保育関連の労働組合などの団体が次々とマイクをとって報告した。大阪保育運動連絡会の岩狭匡志副会長は、大阪府内の自治体の設置基準について触れ、「大阪府は認定こども園の基準を三歳の二五人以下を三五人以下に切り下げたが、パブリックコメントを寄せて運動をすると二五人以下に戻った。動けば変わっていくと確信している。点と線を面にして頑張りましょう」と運動の成果を報じた。

福祉保育労は、「保育は子どもの成長を喜び合える職業。しかし仕事が終わらず残業ばかりで職場を離れる保育士が増えている。国は七万人以上保育士がいるというが、現場は一人辞めると次が決まらず派遣頼み。保育の質が下がらないよう改善しなければ」と声をあげ、ステージではたくさんの子どもたちが元気いっぱいな姿で応援した。

横須賀市で保育所に預けている間に子どもを亡くした母親は、「ただ待機児童を解消するのではなく、子どもの命を守って欲しい。息子はもう帰ってきません。ならばせめてこれからの子どもたちを守りたい。こんな思いを誰にもしてもらいたくない。子どもが死なない保育実践ができるようはたらきかけ続けたい」と、訴えた。

小さな命を預かる保育士の処遇について目を向け、改善しなければ、誰もハッピーにはなれない。

基盤は保育士のワーク・ライフ・バランス

こうした状況下、経営側が保育士の労働環境の整備に取り組むケースも出てきた。とりわけ、長時間労働が恒常化している保育士にとって、ワーク・ライフ・バランスの実現は急務だ。

損保ジャパン日本興亜スマイルキッズ江戸川橋保育園(東京都文京区)は、東京都が行った二〇一三年度「東京ワークライフバランス認定企業」に認定された。「休暇取得予定希望票」を活用して有給休暇を取得しやすくし、取得率はほぼ一〇〇%となっている。また、年初に年間の長期休暇の希望を聞き取り、職員全員が最大九連休の「特別連続休暇」を取っている。日々の働き方も、八時間のシフトで残業が極力ないよう徹底した取り組みが行われている。

同保育所は、損保ジャパン日本興亜の傘下の一般財団法人として運営されている。二〇一一年六月に設立された若い保育所だ。石川元秀専務理事は、一三年四月に人事異動でスマイルキッズに配属された。それまで保育所の経験はまったくなかったが、「保育業界は過酷な労働条件の下にある。延長保育もあり、シフト制をしいても長時間労働は避けられず、離職の原因になっている。それを放置しては優秀な人材は確保できない」と、ワーク・ライフ・バランスに取り組む。上下関係ができやすい保育の業界だが、パソコンを待たずに年齢関係なく譲り合うくらい、時間内で終業する意識が高まっている。八時間シフトで残業はない。もし残業が発生したら、必ず申告してもらい時間外手当をきちんと支払う。石川専務理事は「一五分でもサービス残業を許してしまうと他に影響してしまう」と、徹底して注意している。

残業なしの実現のため、まず、業務の軽減を図った。保育業界にいなかったからこそ、手をつけられたのが、装飾品の簡素化だった。他の保育所と同様に会議はもちろん、月案や週案、日誌を書き、保護者会もあって、壁の装飾などは園児が帰ったあとで残業するか持ち帰ることが恒常化していた。事務を簡素化し、凝った飾りつけをやめて、季節の装飾はできるだけ一〇〇円ショップなどで買って済ませて時間を節約する。

藤原なおみ園長（五七歳）は、装飾品の簡素化について「最初は戸惑ったが、可愛い装飾が無くても、子どもはいろいろなことで刺激を受ける。折り紙を三角に折っただけで、子どもはそれを蝶に見立て、想像力が膨らむ。見本は大切だけれど、飾りがないほうがかえって発想力が出てくる」ことを、改めて気づかされたという。装飾で季節を知らせることは大事だが、自分たちで公園に散歩に出かけ、葉の色が変わってきたなど自然を見ることのほうが大切だ。小さなきのこやドングリを楽しそうに見つけては「ちょっと見てー」と盛り上がる。必要なところにお金と時間をかけ、たとえば、縄跳びは全員分を揃え、幼児クラスには鍵盤ハーモニカ、タンバリン、トライアングルなど何かしら全員が手にとれるように楽器を用意するようなことが肝心だという。

特徴的なのが、前述のように有給休暇消化の促進や連続休暇にも熱心なことだ。毎週、誰かが有給休暇をとるようにしている。毎月初めに来月の予定を聞き、シフトを作っていく。土曜に出勤すれば必ず振り替え休日を入れる。希望をとった有給もあれば、石川専務理事が勧めて有給をとる職員もいる。もちろんパートの職員にも有給の希望を聞き、組み入れていく。

有給休暇などの希望を出す時は、理由を知らせる必要はない。ブログには園の様子はもちろん、プライベートなことも書き込むようにしている。休みにどうしていたかなどもざっくばらんに書いている。お迎えが集中しやすい時間帯、シフトも時間きっちりだと担任とゆっくり話せないこともあるため、ブログを見ることで保護者からの親近感がわく効果もある。

有給も、連続休暇も、担任が休んだところにはアシスタントと呼ばれるパートの代替職員を入れるようあらかじめスケジュール化。お尻をたたきながら定着してきた。

アシスタントが担当する園児の年齢はおおむね決まっているが、誰でもどのクラスにも入れるよう、運営内容を共有している。スプーンや携帯電話、雑巾、タオルなどの置き場所、配膳の仕方など、当たり前のことだが、同じようにしている。スマイルキッズは定員六〇人で、担任でなくても園児全員のことが分かる規模となる。会議では、担任外のクラスの園児のことについても全員で情報を共有する。

賃金水準は相場と同程度だが、休みが取りやすく残業がないことで人材も集まりやすくなる。石川専務理事は「ベテランの保育士としてのスタイルを皆に見てもらいたい」と、二〇〜五〇代まで保育士をバランスよく採用している。

幼児クラスは、配置基準からいえば「二〇対一」や「三〇対一」だが、一クラス二五〜三〇人の園児に担任が一人と補助では大変だろうと、スマイルキッズでは園児一〇人に一人の担任をつけ、アシスタントも配置している。三〜五歳は合同保育をする時もあるが、担任を三人つけて園児三〇人を見る。幼児クラスはチームとして全クラスの子どもの様子を把握するようにしている。

保育の仕事は気が抜けない。子どもときちんと向き合うためには、担任は二人いないと「ヒヤリ・ハット」(事故に至りそうになること)が起こりやすい。もし喧嘩が始まりとめることができなかったとしても、誰かが見ていることに意味がある。午睡中には保育士は連絡帳を必死に書いているが、乳児のうつぶせ寝をひっくり返す、鼻づまりをとってあげるなどチェックに忙しい。ＳＩＤＳチェックなど死亡事故を防ぐには見ているしかない。そのため、人手は重要だ。

待機児童の解消のためにどんどん新しい保育所が作られるなか、石川専務理事は、中長期的に見た生き残りのための差別化を意識している。「このあたりは、医師や弁護士など高学歴の保護者が多い。もし、保護者が教育を気にして三〜四歳で幼稚園に行ってしまうと定員割れして補助金が減るため、経営にとっても痛手となる。五歳までずっと子どもが通い続けてくれる保育園にしなければいけない。卒園児を見れば、どんな子どもが育つかが分かる」と、特色ある保育所づくりをしていきたいと考えている。その基盤となるのが、保育士のワーク・ライフ・バランスの実現というわけだ。

保育士の遊座真さん(三〇歳)は、以前は公立の認定こども園で幼稚園教諭として働いていた。恒常的な長時間労働の毎日だったため、結婚が視野に入った時に転職した。二〇一二年四月からスマイルキッズで働き始め、一三年八月に娘が生まれて育児休業を二回取得した。公立保育所で保育士をしている妻は三年の育児休業を取得するが、遊座さんは産後の最初の一か月に育児休業を取り、二度目を一四年四月から九月末までの半年間とした。妻が妊娠してからは、食事作りも家事も遊座さんが行っていたが、「産後の一番大変な時期に妻のそばにいることができて良かった。家事を担い、子育てもして幸せな時間だった。二度目の育児休業も充実して夢のような期間だった」と振り返る。妻の息抜きも大事だ。時には妻一人の時間を作り、リフレッシュしてもらい、家族三人仲良く暮らせた。妻が育児休業から明けたら自分が保育所に送り迎えするつもりだ。

風邪で休んでも育児休業をとっても、自分がいなくてもクラスが回る。業務の可視化のため、各クラスの一日の流れが表になって作られ、職員室に張り出される。それを見れば、この時間帯は余裕があるから応援に行くなど、それぞれが考えて手伝う。これは雰囲気が良くないとできない。その前提として一人ひとりに余裕があることが不可欠だ。毎日疲れてピリピリしていては必要ないトラブルまで生じてしまう。

藤原園長は、「もし自分が体調を崩しても休める雰囲気があり、実際に受け入れてくれるため、保育に集中できる。月案や週案も工夫することができ、夏のプールがある日は思いっきり汚れて遊ぼうと、全身絵具だらけになってペインティングを行った」と話す。公立ではできない民間の良さもあり、霧吹きをかけて育てたシイタケを狩ってその場で調理してもらって食べた。藤原園長は幼稚園で働いた経験もあり、「幼稚園でやってきた「まずやらせてみよう」ということが実現できる。職員に余裕があるため、子どもにも、もっとチャレンジさせてあげたい」と意気揚々としている。

幼稚園から転職してきた大格優香子さん（二四歳）は、「休みがとれるかどうかは保育内容に響く。子どもに接する時の心の余裕が違う」と話す。秋のハロウィンでは、ベネチアンマスクの制作を行った。「手間がかかるが、保育士にゆとりがあるからこそできる作業だ」という。ベテラン保育士から良かったところを指摘してもらうなど、自信につながっている。

ベテラン保育士の濱本光恵さん(五二歳)は、〇歳児クラスを受け持ち「職員が仲間となって連携してクラスの流れをうまく作ることも保育技術のひとつ。それは互いに余裕がないとできない」と痛感している。

正社員とアシスタントの間の伝達がきちんとされ、同じ保育ができる安心感を築くには、休憩時間が大切だと濱本さんは改めて思う。以前の職場には休む間もなかったが、スマイルキッズでは、休憩時間がきちんと確保され、そこで他のスタッフとの連携を図るチャンスがある。コミュニケーションがとれると互いの性格も分かって信頼関係が生まれやすい。また、濱本さんは「休憩時間は自分を顧みる貴重な時間」と言う。ベテランになっても、子どもへの声掛けについて反省する場面があり、それを仲間で気軽に話し、思いを共有できることは精神的な支えになる。保育士の年齢が離れていても、夕食の時や合同保育の時にも別のクラスの保育士と相談したりされたりの関係が生まれる。

「保育はつながっていくもの。〇歳だからこう、一歳だからこう、というものではない。いろんな人と出会いながらその子は育つ。意見交換ができるのは、仲間に余裕があるからできる。そうした環境があると、一つひとつの保育を丁寧に見極めながら実践できる」と、濱本さんも、保育士の働き方の改善の重要性を改めて感じているところだ。

新人保育士が働き続け、中堅になりやがてベテランになって良い保育を実現していくためのベースはやはり、保育士の働き方にかかっている。

改めて保育の意味を考える

「遊びに集中することが、就学前には必要なこと」

キッズタウンにしおおい（東京都品川区）の高橋祐子園長は断言する。高橋園長は、もとは品川区の公立保育所の園長だった。定年まで勤め上げた後も、保育や子育ての現場に身を置いてきた。キッズタウンにしおおいの立ち上げでも園長に抜擢され、約五〇年に渡る保育士生活の集大成を築こうとしている。

同保育所は、小学校の跡地を利用して作られている。鳥取県に本部のある社会福祉法人こうほうえんが認可を受け運営している。小学校の一階を利用し、テラスや約三六九平方メートルという広い園庭があり、ゆったりとしたつくりになっている。目の前にはグラウンド、体育館もある。保育所の二階には同じ法人が介護施設を併設しているため、日常的に子どもと高齢者が交流できる。こうほうえんは、二〇一四年度の日本生産性本部の「日本経営品質賞」を受賞、一三年三月は経済産業省の「おもてなし経営企業選」で社会福祉法人として唯一選ばれるなど、経営の透明化や質の向上に積極的だ。

設立当初から高橋園長は、認定こども園を意識していたという。決して子ども園そのものが理想なわけではない。保育所というだけで、ただ子どもを預かり、生活しか送っていないとイメージされ、幼稚園が良いと思われることを避けたかったからだ。親が求める教育と保育所のなかで行われる教育の概念が一致しにくく、母親が仕事を辞めて子どもを幼稚園に通わせる親子を見送った悔しい経験もある。幼稚園には負けない保育を実践していることが評判になり、公立保育所からの転園者もいるくらいだ。

キッズタウンでは、乳児期から英語教室やリトミックの時間があり、幼児クラスになると全園児が楽器に触れるようになって鼓笛隊が編成される。地域の行事でも子どもたちが大活躍だ。ただ、高橋園長はそれらの〝わかりやすい〟ものが園の特徴だとは言わない。英語は遊びの一環として楽しむ。自分と違う人が違う言葉を話して生活のなかに入ってくる経験をすることに意味があるという。それ以上の英語を勉強したい場合は、親の融通が利くのであれば塾に行ってから保育所に来てもいいのではないかと考えている。リトミックは、人の話を聞く姿勢を学び、聞いて行動できるようになるひとつのツールだといい、決して体育指導のためではない。指導となると子どもが受動的になってしまう。

同保育所の大きな特徴でもある鼓笛隊について、高橋園長は、「地域に入っていく時に、溶け込みやすくなる。子どもにとっては、自分の特技を表現しやすい。努力した成果を自分で感じられるうえに、地域の人々も喜ぶ。やるからには、全国大会に出ようと目標を持っている」と話す。法人の本部からも、「地域のためになることなら」と、楽器を揃えてもらった。公立と違って、どうしても保育士は若手が多い。その点でも、高橋園長は「子どもも大人も成果を実感できる鼓笛隊の演習は効果がある」としている。

二〇一五年度から始まった子ども・子育て支援新制度に伴い、国は認定こども園を今までよりも推し進めようとしている。認定こども園は教育基本法に基づく「学校」と位置づけられ、カリキュラムに従って四時間勉強することとされた。ここでも、イメージ先行の「教育」が意識されている。

「教育とは、字を書き、計算ができるように机に向かうことではない」と高橋園長は言い切る。生活のなかで「この時間で食べると美味しく感じるよ」ということを教わり、めりはりのついた時間の使い方を学ぶこと。「あそこにある赤いボールを二つ持ってきて」という会話から、数や色を覚えていく。

園内で飼っている金魚も学びの役に立っている。水槽が職員室の目の前にあり、子どもたちは「ご飯をあげたい」と、少しずつ餌を分けてもらい、ぱくぱくと口を開けて金魚が食べるところを見て、ご飯をあげる喜びを知る。帰り際、子どもが餌をあげたくても、お迎えに来た親が急いでいる時もある。そんな時は、なぜ、餌をあげることができないかという理由を知らせ、理解してもらう。子どもが水槽の前に立って金魚を眺めて離れない。大人は早く帰りたいと思うが、実は無駄な時間ではない。友だちが寄ってきて餌を半分あげるなどコミュニケーションをとっている。

「子育てに無駄な時間などない。いろいろなことが子育ての道具だと思うと楽になる。子どもの表現をきちんと受け止めてやればいい。ただ、それだけのこと。そうした一つひとつが教育だ」

四〜五歳では特に、子どもの姿勢に気をつける、四五分はきちんと集中しようということを心掛ける。自主的に動き、生活の区切りをつけるのが幼児期の教育だという。それができるようになるには、乳児期の段階で遊びに集中し、何かに夢中になることが重要だという。「自分の力を知らないと人を愛せない」というのが高橋園長の持論だ。

子どもの生活と親の雇用を守りながら、地域で子どもを育てる。この基本を貫くため、勤務が不規則な看護師や介護職、ひとり親のために、同保育所は、六時三〇分から二一時まで開園している。保護者の間で派遣社員など不安定雇用が増えてすぐに失職しやすいなか、時間どおりに仕事が終わるとは限らない親のために柔軟な運用を心掛けている。

これまでの章で書いたように、一分でもお迎えが遅れると保護者が煙たがられ、急な延長保育や土曜保育を受けつけてもらえないなかで、同保育所では、お迎えが予定の時間より遅くなるような時、「何時になりますか」ではなく「大丈夫、二一時までに来てくれればお子さんはしっかり見ていますね」と言うよう職員は指導されている。高橋園長も自身の子育て中、保育園で子どもが熱を出すとお迎えにすぐ来て欲しいと電話がよくかかってきたが、それで大変な思いをしていたという。今、どういう状況かを伝えれば、親は放ってはおかない。「ああ、行かなくては」と努力をするものだ。保護者がなかなかくることができず子どもの容態が悪くなれば、高橋園長の判断で救急車を呼ぶなど対応する。

保育士がすぐ親を呼び出してしまえば「安心、安全」が言葉だけになる。互いの信頼関係がないと親は安心して働けない。当日の延長保育はおおむね一五時頃まで、土曜保育は前日までの連絡で柔軟に対応可能にしている。同保育園では、親が希望すればいつでも保育参加を実施するなど運営が弾力的で、保育の「見える化」にも取り組む。二〇一五年度からは、地域の人の保育参加も始まった。

これまで、高橋園長はさまざまな親子を見てきた。ある母親は、産後うつで不眠状態。泣いたらどうしようと生後六か月まで母親はお腹の上に子どもを寝かせ、抱っこし続けて腱鞘炎になっていた。子育てが分からないで追いつめられる母親は少なくない。

フルタイムで働いていないケースでもこうした母親は増える傾向にあり、一時保育も行っている。一時保育は四時間までが二〇〇〇円、それ以降一時間ごとに五〇〇円(早朝や延長は別料金)、リフレッシュを目的とするなど理由を問わない「一時保育ほほえみ」は一時間九〇〇円で利用できる。親が孤立するなかではリフレッシュも重要だ。もし、数時間の間、子どもが寂しくても、その後の生活が豊かになるのであれば、その子にとっても良い。一時保育は利益になりにくいが、子どもが知らないところにぽんと置いて行かれて泣くため、ベテランを配置している。地域の親子へのセーフティネットの役割を果たしている。

子育て支援「ケンケンひろば」を設置しており、品川区内に住む親子が無料で利用できる。園内にある一室におもちゃが揃えてあり、六〇代のベテランが常駐していて、子どもと遊びながら気軽に子育ての相談ができる。看護師や栄養士による健康・栄養相談や手遊び、折り紙、ベビーマッサージなどのイベントも定期的に開催している。運動会など保育園の行事にも参加できるなど、産後間もない親が地域で仲間になるきっかけ作りに一役買っている。

母親が笑えなくなると子どもも荒れてしまう。ケンケンひろばに来て母親同士のつながりができると、親子が明るくなる。父親が土曜に子どもを連れてくることも多い。家のなかにばかりいると息詰まるが、親子で立ち寄り、他の親子と安心して触れ合うことのできる場は貴重だ。

そして、高橋園長が目指しているひとつに、「地域のなかで子どもが育つ」ということがある。そのためにも、周辺の住民に保育所の存在を理解してもらうことは大きな課題だった。保育所に通う間は親が送り迎えをし、園舎のなかでは保育士に守られるが、小学生からは「社会」のなかでの生活が始まる。乳幼児期から地域のなかで「あの子また通ったね」と気にかけ見守ってくれる存在が必要だと考えている。

小学校が保育所に再利用されることに反対していた住人もいたが、高橋園長は根気強く行事のお知らせを近隣に配り、挨拶をして回ってきた。保護者が保育所の周辺で立ち話をして迷惑がかからないよう、園内にあるホールを開放して、降園時には子どもたちは三輪車などで遊び、それを見ながら親同士も日ごろの悩みなど話題にして花を咲かせる。高橋園長は、保育所の周りを掃除しながら、声をかけていくと理解されるようになり、そのうち、ひな人形や五月人形を寄付してくれる人も現れた。台風で遊具が飛ばされていることを教えてくれる。保育所の中が地域に見えるよう取り組んだ結果だ。

近所の床屋や電気店で、おばちゃんやおじちゃんが、目と目を合わせて「おかえり」と言える人がいることが大事。「あのおばちゃん、こうだったよ」と子どもがつながりを作っていく。卒園後に学校からの帰り道に地域で言われる「おかえり」はお金では買えない言葉。保育所があることで、地域の大きな活性化はできないかもしれないが、小さくても生きる場があることで初めて住みよい街になると高橋園長は信じている。

理想の保育の実現のため職員配置は手厚い。保育士の配置の計算で小数点はすべて切り上げ、幼児クラスは必ず複数担任制をとった上で、それぞれのクラスに保育補助が数名入る。同保育所は、設立から六年経ち、第二ステージに入った。各クラスの担任に予算がつき、そのクラスで必要なものを自分たちで計画して購入している。与えられた保育では、保育が停滞するからだという。

「自分が育たないと人は育たない。育つことに人としての喜びがうまれる。生まれてすぐの子どもでも、いつもふれ合う担任の保育士を頼りにする。保育とはかけがえのない職業だ」と、高橋園長は語る。

子どもといることの楽しさ

横浜市内の小規模保育所の長浜順一園長（仮名、五〇代後半）は、「子どもの声が人と人をつなげ、自然発生的に地域がつながる」と日々の保育から感じている。

住宅街にある長浜園長の保育所では、〇～二歳児の合計九人を同じ部屋で保育している。園庭がないため、毎日、散歩に連れ立つが、地域のお年寄りは子どもたちの声をききつけ、声をかけて可愛がってくれるという。小さな子どもを抱っこした女性が声をかけてくれ、「働いていないから保育園には通っていない」など公園で立ち話をするうち、子育ての悩みを長浜園長に打ち明けることもある。公園で出会った小学生の女の子たちが、授業が早く終わるとピンポンと保育所のインターフォンを鳴らして、園児の世話をやいてくれる。自然に親になる準備をしている。長浜園長は「どこの保育園もできるはず。保育園がうるさいと訴えるのではなく、子どもが社会にとってどういう存在か問い直さなければいけない」と語気を強くした。多くの地域で、園児の声がうるさいと苦情が寄せられ、訴訟まで起こる社会情勢があるなかで、東京都は「子どもの声」を騒音規制の対象から外すことを検討しているほど、社会は子どもに冷たい。

長浜園長は「三歳までは親が子どもを見たほうがいいという固定概念があるうちは、保育は良くならない」と考えている。虐待などのニュースが流れるたび、親へのバッシングばかりが目立つが、なぜ、その親がそうした状況に追い込まれたのかを社会は考えない傾向がある。虐待の相談件数は毎年過去最高を更新している。個々に責任を負わされる問題では済まない社会情勢なのではないだろうか。長浜園長の保育所では園児九人中三人の母親がうつ病だ。「保育園こそ、そういう親子を救う駆け込み寺のような役割がある」と長浜園長は強調する。そして「親の話を聞いてあげられ、親の言いたいことも認めてあげる。そんなよりどころになる保育園を増やさなければならない」と話す。

子どもがいる生活が楽しい、ということよりも「産んでしまった」「大変だ」という思いが先に立っていないか。子どもと一緒にいることが楽しいと共感できる人がいない、社会とのつながりがない。「自分たち保育士が、子どもは可愛いものだと伝えないと」と長浜園長は意識して職員にも指導している。

子どもの発想力は大きく膨らますことができる。園庭がなくても、外で石や葉っぱを見つけておままごとが始まるなど、大人がこれで遊びなさいというより、自由に何かを見立てて遊びが始まる。外を歩き、「かわいいね、何歳？」と声をかけてもらう経験は貴重なものとなる。二歳の子が〇歳の子の世話を自然にしたりするのはまさに集団の力があってこそ。この経験を幸せなことだと保護者に伝えることができれば、保護者も自分の生活に自信がつく。保育所で子どもがいきいきと楽しむことができれば、働く親が後ろめたい気持ちになどはならない。保育士が親のことも一人前の人として見て互いに共感しあう関係をつくりたい。子育てや、子どもがいることがこんなに楽しいことだということを広げていくことが、長浜園長の理念となっている。

「現場では学校の勉強は通用しない。先輩から聞いて自然に子どもとの接し方を身につけていくものだ。だからこそ、若手からベテランまできちんと働ける職場環境が必要だ」と、長浜園長は、以前から保育士の労働環境の改善や保育制度の改善を求めて運動をしてきた。忙しすぎる保育から脱却して、保育の原点に戻るには、労働条件の改善抜きには考えられない。職員が休憩もとれないような環境では、思うところの良い保育は実現できない。

長浜園長が園長職に着任した最初の頃、保育所のなかは荒れていたという。保育者は声を張り上げて子どもを注意し、子どもは言うことを聞かずに手がかかった。保育者が「子どもが皆、一緒に同じことができなければいけない」と思い込み、それに引きずられているように見えた。

クラス全体をまとめなければと意気込みすぎる保育者が、皆からはみ出すことを負担に感じているのが見てとれた。問題を起こす子を抑制する指導がされていた。

長浜園長は、どんどん子ども同士で喧嘩をさせるように方針を変えた。子どもに気持ちを出させてやることも重要だ。一般的には、上手に並んだり、決まった時間に従うのが良い子のお手本のように保育されるが、長浜園長はむしろ逆に、自由に自分のしたい時にしたいことをさせてやるようにした。職員が、「こうあらなければならない」ということに縛られ、子どもがイライラしていたと感じたからだ。

子どもの気持ちを優先させる保育に変えると、職員の肩の荷も下りて、子どもたちがのびのびとし、見違えるように生き生きとして、一転して雰囲気が良くなった。大人の気持ちひとつで、子どもの表情は変わり、子どもが安心して大人に依存できる環境になる。「今の時期は大事だ。保育を見直して良かった」と子どもたちの様子を見て長浜園長は胸をなでおろした。発想を変えて、「それを良しと思えばガミガミと言う必要がなくなるのではないか。やりたいことをやればいい」と指導すると、自然に子どもたちが皆で一緒に行動するようになったのだ。

幼児期の信頼関係、大人との愛着関係が密であるかないか。二歳くらいの噛みつきをする時期に無理強いして従わせ、大人の意向に沿うやり方に対して子どもが「ヤダ」「やりたくない」

と言えないような接し方をしてはいけない。〇～二歳頃に、嫌だという気持ちを認めてあげると幼児になると変わっていく。大人が正しいと思うことでも、子どもは嫌という。それを尊重すればいい。また、子どもが理解しないままに「これが良いんだよ」という方向に持っていってしまうのも問題だ。子どもの判断能力がなくなって従ったほうがいいんだ、となってしまう。年齢が上がるにつれエスカレートして非行に走るのではないかと見ている。それは、〇～二歳で嫌ということを認めてもらうような愛情が足りなかったからだ――。そう、長浜園長は思う。

二～三歳で嫌という感情をたくさん出さないと、その後に出せなくなってゆがんだ形で出る。イヤイヤ期を抜けると落ち着くものだという。大人だって、自分が嫌だと思うことを否定されると不快な思いをする。それと同じなのだ。イライラしがちな保護者に「まだ二歳。世間から見たら赤ちゃんと一緒だから」と、そんな当たり前のことを言ってあげられるかどうかで、親の胸もすとんと落ちる。

嫌という時期に抑えつけるとかえって問題が出るが、少人数の良さは、抱っこしたり、赤ちゃんのように大事に扱ったり、保護者にきちんと状況を伝えられること。二～三歳にもなれば食事も自分で食べ、着替えもできるようになるが、わざとしないことも多い。その時に「できるのになんでやらないんだ」と怒るのではなく、その子の家庭での状況も把握しながら保育にあたることが大切だ。三歳くらいで弟や妹ができると、親が上の子に手がかけられずに、「できるんだから自分でやって」となりがち。そうでなく、子どもの要求を受け入れることをしないと、自分の意思を伝えられなくなっていく。そんな話も保護者とできるのが、少人数の良いところではないだろうか。長浜園長は「若い人にも、こうした保育の想いを継承していきたい」と強く願っている。

白梅学園大学の近藤教授も、「保護者とどう関係を作っていくか、が大きな課題。毎日、「今日、この子はこうでした」と伝えていかなければならない。子どもの様子について親と先生は気持ちを交わしながらこういうことが必要ですねという、一見普通のことが日常の保育のなかで大事になる。親とコミュニケーションをとる職員の体制があり、長時間職員が揃っていないと個々の子どものことを伝えられない。保育の質とは、安心して預けてくださいと保育士が自信を持って保護者に言えること」と語る。そして、近藤教授が気にやむのは、派遣保育士など非正規雇用の保育士が若手の間にも増加していることだ。そして、「短時間勤務で必要な時間だけ働くのでは、肝心の「今日はこうでした」と伝える場面がなくなる。時間単位だけかかわる保育の在り方が急速に広まっていることで保育の質の低下を招きかねない」と懸念している。

そして、子どもにとってはどうか。近藤教授は、「本当は、のんびりでき、自由に走り、動き回ることができる保育の日常があるといい。親が働いている間、子どものための遊ぶ場としてあるのが、保育園のはず。月曜から土曜まで、たとえ狭かったとしても、ちょっとゆっくりできる場があるといい。一方で、新制度は幼児期の学校教育だからと、五歳児が個別の机と椅子に腰掛け、黙ってお弁当を食べる練習をする園もある。親も戸惑いを感じるようだ。入学準備は必要だが、入学への期待感を持てるよう保育実践をかさねてほしい」と続けた。

小学校の教諭のDさんに話を聞くと、「就学前に英語ができることよりも、きちんと日本語でコミュニケーションがとれるようになることのほうが大事だ。幼稚園出身と保育園出身の保護者は文化が違うため、分かり合えないことが多い。小学校の教員から見ると、幼稚園か保育園かで子どもの能力に差はない。むしろ、保育園のほうが基本的な生活の力がついている。それを無理に一緒にしても意味がないのではないか」と話している。また、他の小学校教諭のEさんも「子どもの能力はいつ花開くかは分からない。就学前に無理に勉強させる必要はない」と話す。ただ両者とも、保育の質が保たれている保育所や幼稚園で過ごしたかどうかという点では、子どもの様子に明確に違いが出ると話している。Dさんは、「入学式には親と出席せず一人で自転車をこいで来た生徒がいた。親からネグレクトを受け、保育所でも適切なサポートがなかったため、入学時点で、大人への不信感でいっぱいで、大人の言うことにまったく聞く耳をもたなかった。子どもに一番必要なのは、信頼できる大人の存在ではないだろうか」と語る。

前述のNPO法人ふれあいの家―おばちゃんちの幾島代表理事も「親が「早くから何か教育的なことをやらせなくては」と思い込まされ、子育てが消費文化となっている。知育おもちゃに囲まれる必要はない。室内でも、空いた牛乳パックや広告紙とハサミさえあれば、十分に遊ぶことができるものだ。子どもは外を走り回り、泥んこになったりして自ら楽しみを発見する。外で思い切り自由に遊ぶ環境こそ、学びの宝庫だ。喧嘩が起こっても子どもなりの理由が必ずある。ただ機械的に、「ごめんね」「いいよ」と言わせるのでは気持ちがこもっておらず、本当の意味でのコミュニケーションにはなっていない場合が多い。おもちゃの取り合いでも、子ども同士のやりとりを見守っていると子どもなりの納得のいく道筋でどこかに落ち着いていく。ありのままを受け止める余裕が大人にあれば、子どもは自ら持っている育つ力を発揮する」と話す。

人形劇やパネルシアターの講師として全国を飛び回る和気瑞江さんは、「発想の翼が広がる」とアナログの遊びを大切にしている。和気さんが演じ始めると、子どもたちは食い入るように見つめ、笑ったりマネをしたりと大はしゃぎする。和気さんは「皆で座って楽しみ経験を積み重ねることができるのが良いところ。保育園は始めての社会勉強の場で、人間同士の付き合いやマナーを学ぶ場でもある」と言い、「人形劇には教育的な側面もあるが、それだけではない。気持ちが動くことがいい。楽しい、悲しい、何かを感じ、思わず声が出る。人は全てを経験できないが、人形劇やパネルシアター、絵本、手遊びなどは、自分のなかを想像によって豊かにする良さがある」と語る。

東邦大学の多田裕名誉教授は約五〇年にわたって新生児医療や小児保健の分野で活躍し、今もなお現役で子どもたちを見ている。多田医師は、「子どもたちの始まりの大事な時期は、代わりが利かない。保育園のなかでひとりポツンと寂しい幼児期を過ごすようではいけない。オムツが汚れた、お腹が空いたと泣いて訴えた時に誰にも相手にしてもらえないようでは大人に対して不信感を抱く。自分を可愛がってもらえなければ、自尊心は育たない」と警鐘を鳴らす。

聞こえの良い早期教育についても、「耳から入る知識を小さい頃に教え込んでも意味がない。匂いや肌触りなど自分で経験した五感と一緒になったものが本当の知識で、それを小学校に入るまでに十分に経験させてあげることが本当に必要なこと。小学校でやる勉強を保育園のうちからやる必要はない。いろいろな経験から五感にうったえ、喜びや悲しみなどの感情を知る。その素地ができないうちに知識だけ教え込んでもあまり意味がない。二～三歳から五歳になるまでの時期は、五感を育てることが大事」と強調する。

多田医師は、乳幼児期の大切さをヘレン・ケラーのエピソードと重ねる。

「ヘレン・ケラーは一歳七か月までは目が見えており、この頃までに脳の基礎ができ上がっていた。その時期にきちんと水という概念が分かっていたから、見えない、聞こえないという世界のなかでも、乳児期の経験が復活したのではないか。乳児期に水を見たり触ったりした経験がなかったら、あのように豊かな知識を得ることは困難だったのではないだろうか」

だからこそ、多田医師は、問う。

「一歳半頃までの発達は取り返しがつかないことが多い。将来の日本を作る子どもたちが、基礎となる重要な時期を過ごす保育園をもっと大事にしなければならない。きちんと勉強して保育士の資格をとった者が先輩から学んで一人前になっていく環境が必要だ。ただ母親を働かせるだけ、ただ子どもを預けるだけの保育園では本末転倒だ。スケジュールをこなすのではなく、子どもに合わせた発達を見てくれることが大事。劣った環境の中で、子どもが大人になったらどうなるか考えて欲しい」

現状では、待機児童が多いからと急いでハードの保育所だけを作り、ソフトの部分の人材育成が追いつかない。利益優先の株式会社が参入し、子どもにとって守られるべき基準が削られていく。保育士が足りなければ、無資格者でもいいと国は言う。もはや、公立か私立かという問題ではない。きちんと教育を受けて保育士になっても、その力を発揮する前にバーンアウトする状況が公然化している。そして、あるべき規制が緩和され、大切な乳幼児期の健やかな生活が失われていく。繰り返すが、国家予算に占める保育の割合が一％にも満たないのでは、この国の未来は危うい。消費税などに頼らず、国が責任を持って基盤を作るべきではないか。

幼い子どもの不利益を代弁するのは大人の役割だ。保育の現場で今、何が起こっているのかを直視し、保育の量だけでなく、その質についてもきちんと目を向けなければならない。そして、たとえすぐには現状が変わらないとしても、良い保育の実現に向けて、保育所と一緒になって保護者や周囲の大人ができることが必ずあると信じている。

あとがき

「大丈夫ですよ。泣くのは親子関係が良い証拠。あとは任せてください。私たちは保育のプロですから」

保育所で泣く子に戸惑い、子育てに不安を抱える親に対して、この言葉を言える保育士が今、いったい、どのくらいいるだろうか。

筆者は一〇年ほど前に公立のベテラン保育士と出会う機会が多かった。その時に出会った保育士は皆、専門職としての誇りに満ち溢れていた。そして、保護者の雇用情勢も心配していた。非正社員が激増し、すぐに保護者の雇用が打ち切られる様子を目の当たりにしていたからだ。親の就労状況の不安定さが子どもにも影響することを何より心配していた。

ちょうどその頃は、保育士にとっても激変の時代に入っていた。規制緩和で公立保育所が民営化され始め「子どもたちはどうなるのか」という懸念が生じていた。本書に記したように、その時の心配が現実のものとなってしまった。子どもの人権を守るには、保育士自らの労働者としての権利が守られなければ実現しない。今また保育業界は激変の時を迎えている。今、声を挙げなければ、このままでは保育が完全に崩壊してしまう。

一方で、認定こども園を主流にしたい国の方針に筆者は疑問を感じている。確かに、すべての子どもに教育と保育をという理念は大切だ。しかし、幼稚園は〝教育〟していて、保育所はそうでないと言われているも同然で、そのことに保育士はプロとしてもっと怒るべきだ。

保育士がまるで使い捨てのようになった結果、就労保育士より潜在保育士がずっと多いという事態に陥っている。「東京都保育士実態調査報告書」(二〇一四年三月)によれば、六人に一人が保育士の仕事を辞めたいと思っている。しかし一方で、保育士として就業するための条件について「どのような条件でも保育士として働くつもりはない」という答えはわずか三・八%だ。裏返すと実は、多くの保育士が希望する条件がかなえば現場に戻って来る可能性があるのだ。処遇改善の予算がきちんとつきさえすれば、現場の保育士は増えるはずだ。

問題が山積みで、本書でそのすべてを書ききれなかったかもしれない。しかし、この現実に共に憤り、世に知らせる機会をくれた編集者の上田麻里さんに深く感謝したい。

取材のなかで出会ったロバート・フルガムの『人生に必要な知恵はすべて幼稚園の砂場で学んだ』(池央耿訳、河出文庫)にある詩を抜粋して最後に紹介したい。

何でもみんなで分け合うこと。
ずるをしないこと。
人をぶたないこと。
使ったものはかならずもとのところに戻すこと。
ちらかしたら自分で後片づけをすること。
人のものに手を出さないこと。
誰かを傷つけたら、ごめんなさい、と言うこと。（略）
不思議だな、と思う気持を大切にすること。
……何よりも大切な意味をもつ言葉。「見てごらん」

どの保育所でも、保育士の優しさに包まれたなかで、すべての子どもがこうした基礎を学ぶことができればと願う。

二〇一五年四月

小林美希

小林美希

1975年茨城県生まれ．水戸第一高校，神戸大学法学部卒業後，株式新聞社，毎日新聞社『エコノミスト』編集部記者を経て，2007年よりフリーのジャーナリスト．若者の雇用，結婚，出産・育児と就業継続などの問題を中心に活躍．2013年，「「子供を産ませない社会」の構造とマタニティハラスメントに関する一連の報道」で貧困ジャーナリズム賞受賞．
著書に『ルポ 正社員になりたい』(影書房，2007年，日本労働ペンクラブ賞受賞)，『ルポ“正社員”の若者たち』(岩波書店，2008年)，『看護崩壊』(アスキー新書，2011年)，『ルポ 職場流産』(岩波書店，2011年)，『ルポ 産ませない社会』(河出書房新社，2013年)，『ルポ 母子家庭』(ちくま新書)『夫に死んでほしい妻たち』(朝日新書，2016年)など．

ルポ 保育崩壊　　岩波新書(新赤版)1542

2015年4月21日　第1刷発行
2021年5月6日　第7刷発行

著　者　小林美希《こばやしみき》

発行者　岡本　厚

発行所　株式会社 岩波書店
〒101-8002 東京都千代田区一ツ橋2-5-5
案内 03-5210-4000　営業部 03-5210-4111
https://www.iwanami.co.jp/

新書編集部 03-5210-4054
https://www.iwanami.co.jp/sin/

印刷・理想社　カバー・半七印刷　製本・中永製本

ISBN 978-4-00-431542-1　　Printed in Japan

岩波新書新赤版一〇〇〇点に際して

ひとつの時代が終わったと言われて久しい。だが、その先にいかなる時代を展望するのか、私たちはその輪郭すら描きえていない。二〇世紀から持ち越した課題の多くは、未だ解決の緒を見つけることのできないままであり、二一世紀が新たに招きよせた問題も少なくない。グローバル資本主義の浸透、憎悪の連鎖、暴力の応酬――世界は混沌として深い不安の只中にある。

現代社会においては変化が常態となり、速さと新しさに絶対的な価値が与えられた。消費社会の深化と情報技術の革命は、種々の境界を無くし、人々の生活やコミュニケーションの様式を根底から変容させてきた。ライフスタイルは多様化し、一面では個人の生き方をそれぞれが選びとる時代が始まっている。同時に、新たな格差が生まれ、様々な次元での亀裂や分断が深まっている。社会や歴史に対する意識が揺らぎ、普遍的な理念に対する根本的な懐疑や、現実を変えることへの無力感がひそかに根を張りつつある。そして生きることに誰もが困難を覚える時代が到来している。

しかし、日常生活のそれぞれの場で、自由と民主主義を獲得し実践することを通じて、私たち自身がそうした閉塞を乗り超え、希望の時代の幕開けを告げてゆくことは不可能ではあるまい。そのために、いま求められていること――それは、個と個の間で開かれた対話を積み重ねながら、人間らしく生きることの条件について一人ひとりが粘り強く思考することではないか。その営みの糧となるものが、教養に外ならないと私たちは考える。歴史とは何か、よく生きるとはいかなることか、世界そして人間はどこへ向かうべきなのか――こうした根源的な問いとの格闘が、文化と知の厚みを作り出し、個人と社会を支える基盤としての教養となった。まさにそのような教養への道案内こそ、岩波新書が創刊以来、追求してきたことである。

岩波新書は、日中戦争下の一九三八年一一月に赤版として創刊された。創刊の辞は、道義の精神に則らない日本の行動を憂慮し、批判的精神と良心的行動の欠如を戒めつつ、現代人の現代的教養を刊行の目的とする、と謳っている。以後、青版、黄版、新赤版と装いを改めながら、合計二五〇〇点余りを世に問うてきた。そして、いままた新赤版が一〇〇〇点を迎えたのを機に、人間の理性と良心への信頼を再確認し、それに裏打ちされた文化を培っていく決意を込めて、新しい装丁のもとに再出発したいと思う。一冊一冊から吹き出す新風が一人でも多くの読者の許に届くこと、そして希望ある時代への想像力を豊かにかき立てることを切に願う。

（二〇〇六年四月）